프랜차이즈 그것이 알고 싶다

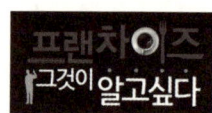

초판 발행 2012년 1월 26일

초판 2쇄 발행 2013년 4월 10일

지은이·유병천 | 펴낸이·허경애 | 펴낸곳·도서출판 예원미디어

편집·박은수 | 표지 디자인·이석민 (주)봄앤봄커뮤니케이션 | 내지 디자인·정현

사진·유병천 | 감수·윤태식 | 자문·조광환

출판등록일·2004년 6월 16일 | 등록번호제·313-2004-000152호

주소·서울시 마포구 서교동 331-15번지 서정빌딩 403호

전화·02-323-0606 | 팩스·0303-0953-6729 | E-mail·yewonmedia@naver.com

ISBN 978-89-91413-70-2

이 도서의 국립중앙도서관 출판시도서목록(CIP)은 e-CIP홈페이지(http://www.nl.go.kr/ecip)와
국가자료공동목록시스템(http://www.nl.go.kr/kolisnet)에서 이용하실 수 있습니다.
(CIP제어번호: CIP2012000060)

프랜차이즈 그것이 알고 싶다

유병천 지음

예원미디어

차례

프랜차이즈 사업이란 무엇인가? 프랜차이즈가 은퇴 후 삶을 행복하게 해줄 수 있을까?

사람마다 다른 목표를 가지고 창업 시장에 뛰어든다. 보통은 자신이 배운 범위 안에서, 또는 자신이 해오던 일의 연장선상에서 제 2의 인생을 설계하는 것이 바람직하다. 하지만 많은 사람들이 별도의 준비 없이 창업시장에 뛰어들어 쓴잔을 마신다. 안타까운 사실은 많은 사람들이 자신이 잘 알지도 못하는 분야의 사업을 프랜차이즈 가맹점 형태로 시작했다가 기대와는 너무도 다른 현실로 인하여 분노와 좌절을 경험한다는 것이다.

1997년도 금융위기로 인하여 창업에 관심이 쏠리기 시작했다. 의학의 발달과 삶의 질 향상으로 제 2의 인생이라고 하는 노년기를 대비하려는 사람들이 점차 늘어나고 있는 추세다. 이 책은 프랜차이즈 창업 성공신화를 이야기하는 책이 아니다. 오히려 창업을 고민하고 있는 사람들, 특히 프랜차이즈를 통하여 사업을 시작하려고 하는 사람들에게 프랜차이즈에 관한 진실을 알려주고 심사숙고하는 것을 돕고자 하는 책이다. '아무도 말해주지 않는 프랜차이즈의 함정'에 빠지지 않도록 소중한 자산을 투자하기 위한 준비가 되어 있는지, 자신이 기대하고 있는 목표와 프랜차이즈 시스템이 잘 맞는지 다시 한 번 점검할 수 있는 기회가 되길 바란다.

이 책에서 여러 번 강조하겠지만 프랜차이즈는 요술방망이가 아니다. 경영의 한 가지 방법일 뿐이다. 하물며 동네 구멍가게를 하더라도 대표가 해야 할 일은 너무나 많다. 기업이나 관공서 등 큰 조직에서 일하던 사람이라도 스스로 사업을 시작하면 세무, 회계, 인사, 재무, 구매, 영업, 관리 등을 혼자 다 맡아서 해야 한다. 프랜차이즈 시스템이 모든 것을 해결해주리라 믿고 무작정 프랜차이즈 먼저 선택하여 창업하는 경우도 있다. 그러나 옛말에도 있듯 '손 안 대고 코 풀 수는 없는 노릇'이다. 프랜차이즈 가맹점은 독립된 사업체이다. 프랜차이즈 본사는 가맹점의 경영을 도와주는 '서포터' 이상일 수는 없는 것이다. 즉 스스로, 적극적인 경영의지로 사업을 해야 한다는 것이다.

많은 사람들이 프랜차이즈는 교육사업이라고 이야기한다. 끊임없이 소통하고, 배우고, 연구해야만 하는 것이다. 자신이 잘 알지 못하는 분야의 사업을 프랜차이즈 시스템의 도움을 받아 창업하였다면 끊임없는 공부를 통해 자신의 것으로 만들어야 하는 것쯤은 굳이 말하지 않아도 알 일이다.

교육과 더불어 필자가 한 가지 더 중요하게 생각하는 것은 바로 인문학에 관한 공부이다. 경영에 관련된 내용을 배우는 것도 중요하지만 종업원, 고객, 프랜차이즈 본사, 거래처 등 모두가 사람이 하는 일이기 때문에 사람에 대해서 공부하고 알아가다 보면 소통과 공감을 통하여 사업이 성공할 수 있을 거라 생각하기 때문이다.

책을 내기 위해 분투하다 보니 글을 쓴다는 것은 매우 어려운 일이라는 걸 깨닫게 되었다. 책을 읽을 사람이 누구인지, 어떤 배경지식을 지녔는지 전혀 알 수 없다. 다만 '이 책의 독자는 프랜차이즈에 관심이 있는 사람'일 거라는 추측을 해볼 뿐이다. 프랜차이즈 시스템은 경영에 관한 전반적인 사항을 모두 다루어야 할 만큼 그 범위가 넓다. 이 책은 쉽게 읽으면서 프랜차이즈 시스템에 대한 이해와 사업장 운영 실무 전반에 실질적인 도움을 줄 수 있을 만한 내용 위주로 썼다. 부족한 글이지만 프랜차이즈를 통해 창업을 희망하는 분들께 도움이 될 수 있길 바란다.

유병천

추천사

자신의 분야에서 열심히 일해온 사람들이라도 은퇴를 앞두고서는 할 수 있는 선택이 그리 많지 않은 것 같다. 삶의 질 향상과 과학기술의 발달로 수명이 늘어난 시대에 제2의 인생을 준비하기 위해서 우리는 과연 무엇을 할 수 있을까? 가장 좋은 것은 자신이 하고 싶은 일을 하면서 경제적 수입을 얻을 수 있는 일이겠지만, 은퇴 후 그런 일을 찾기란 쉽지 않다. 시력 저하로 인하여 글씨를 볼 때조차 돋보기를 써야 하는 등 신체적인 운동능력이나 체력이 부족하기 십상이다. 노후 생활에 대한 경제적인 준비를 충분히 했다고 하더라도 남은 인생을 재미있게 살기 위해서는 새로운 도전을 하는 것이 바람직하다.

만약 프랜차이즈 관련한 사업에 도전하는 사람이라면 이 책을 반드시 읽어보고 시작하길 바란다. 경영에 대한 지식이 별로 없어도 쉽게 읽으면서 프랜차이즈에 관한 사항을 짚어볼 수 있다. 프랜차이즈가 가지고 있는 장점과 위험에 대해서 미리 알아볼 수 있도록 안내자 역할을 해준다. 특히 프랜차이즈 본사와 가맹점의 입장 차이에서 발생하는 일들과 분쟁에 관한 사례들을 알고 시작한다면 많은 시행착오를 줄일 수 있을 것이라 생각한다.

동네의 작은 슈퍼마켓도 대기업의 대형슈퍼마켓과 경쟁해야 하는 상황에서 프랜차이즈 시스템의 발전은 어쩌면 당연한 일인지도 모른다. 막연하게 프랜차이즈 관련한 사업을 생각하고 있었다면 이 책은 많은 도움이 될 것이다.

프랜차이즈 사업뿐만 아니라 세상의 모든 일은 사람과 관련된 일이라는 내용에 매우 공감한다. 분야는 다르더라도 신뢰는 인간관계를 이루는 가장 중요한 사항이다. 나를 먼저 돌아보는 태도에서 출발하는 인간관계는 많은 사람들을 만나야 하는 프랜차이즈 사업에서도 매우 긍정적으로 작용할 것이다.

오송첨단의료산업진흥재단 첨단의료기기개발지원센터장 김선일

추천사

매일 아침 콩나물시루 같은 지하철을 두 번씩 갈아타고 기회주의적인 상사와 동료들, 폭주하는 업무의 틈바구니에서 자기 사업의 소중한 꿈을 키워 나가는 월급쟁이, 평생을 몸담았던 직업과 직장에서 은퇴한 '젊은' 퇴직자, 급변하는 환경의 흐름 속에 자의반 타의반으로 직장을 떠나게 된 서글픈 명퇴자, 혹은 자기만의 사업을 꿈꾸는 사회 초년생. 누가 되었건 새로운 기회를 꿈꾸는 자들에게 '창업'은 설레는 단어다.

자의든 타의든 창업을 계획하는 이들은 이미 '사업의 기회'를 잡은 것이다. 그리고 그 '기회'는 좀더 쉽고 높은 성공가능성을 제공하는 프랜차이즈에 사냥하거나 독립적으로 창업해 확실히 내 것으로 만들 수 있다.

지난 10년 동안 많은 창업자를 만나왔다. 창업하고 성공하고, 혹은 실패하는 광경을 수도 없이 봐왔다. 창업에 도전하는 소위 '새내기 창업자'들은 청운의 꿈을 가지고 있다. 성공만을 생각하지 실패할 경우를 생각하지 않는 경우가 많다는 것이다. "긍정적인 마인드가 성공을 부른다."라는 명제가 오히려 창업자들에게 독이 되는 오해로

남지 않았나 싶다. 긍정적인 마인드와 자세는 모든 계획과 실행에 있어 필수 요건이긴 하지만, 반드시 성공으로 이어지는 일종의 '마법의 주문'은 아닐 것이다.

경영학에서도 사업전략을 수립할 때 항상 우발성 계획(Contingency plan)을 기획하게 되어 있다. 가능한 모든 실패의 요인과 시나리오를 점검하고 전략을 기획하는 단계이다. 성공을 향한 긍정적인 자세에 수반해야 할 것은 실패에 대한 예견과 대처이다. 이러한 대처능력은 창업자가 신이 아닌 이상 개인적인 경험이나 학습을 통해 얻어진다.

결론적으로 말하자면, 창업의 처절한 현실에는 끝도 없는 학습과 교육이 필요하다는 것이다. 지금까지 창업과 성공에 대한 막연한 꿈을 꿔왔다면 이제 창업은 현실로 다가올 것이다. 성공에 대한 '청운의 꿈'을 현실로 이루기 위해서는 '긍정적 마인드'와 '주먹구구식 경영'을 구분 지어야 하며, 이를 위해서는 끊임없이 교육에 임하고 새로운 지식을 습득해나가는 자세가 무엇보다 중요한 것이다.

프랜차이즈 관련한 서적이 부족한 현실에서 매우 반가운 책을 만났다. 책을 읽는 느낌보다 옆에 앉아서 프랜차이즈 관련한 이야기를 들려주는 듯한 느낌이다. 창업이라는 커다란 도전 앞에서 준비해야 할 것이 얼마나 많은지 미리 만나볼 수 있는 좋은 기회가 될 것이다. 긍정적인 마인드와 좋은 아이디어가 생겼다면, 구체적인 목표를 가지고 도전하길 바란다. 이 책이 당신의 길잡이가 되어주기를 희망한다.

프랜차이즈시스템연구소 소장 윤태식

물방울이 다른 물방울을 닮은 것보다
더 과거는 미래를 닮았다.

　　　　　　　　　　　- 이본 할둔

프랜차이즈 창업, 돌다리도 두드려보라

프랜차이즈 이야기에 앞서
프랜차이즈 시스템이란 무엇인가?
프랜차이즈, 관심의 배경
다시 한 번 생각해 보라

프랜차이즈 이야기에 앞서

살기가 점점 힘들어진다고들 한다. 일자리는 점점 줄어들고, 빈부 격차는 점점 심해지고 있다고들 한다. 우리나라는 OECD 가맹국 중 자영업자의 비율이 가장 높은 나라다. 또 OECD 가맹국 중 중년 자살률이 가장 높은 나라라는 가슴 아픈 오명도 안고 있다. 치열한 경쟁 속에서 살아남기 위해 긴 노동시간을 버티며 한평생 열심히 일했건만 은퇴 후의 삶을 걱정하며 '장수長壽'도 리스크Risk라며 걱정해야 하는 나라다. 이러한 현실이 프랜차이즈에 관한 높은 관심을 불러일으키고 있다.

프랜차이즈에 관심을 보이는 사람들을 크게 두 분류로 나눌 수 있다. 생계형 창업이 한 형태라면, 다른 한 가지 형태는 투자형 창업 이다. 어떤 형태의 창업이든 시작 전에는 반드시 많은 공부를 해야 한다. 절대 하지 말아야 할 것은 남의 이야기만 듣고 무작정 사업을 시작하는 것이다. 무언가 일을 벌이려는 사람들은 '대박' 신화에 열

광하는 것에 비해 '쪽박'의 공포는 외면하려는 경향이 있다. 좋은 결과에 대한 기대감과 긍정적 마인드를 갖는 것까지는 좋지만 현실적으로는 너무 위험한 태도다.

그나마 다행스러운 일은 정말 쉽게 구할 수 있는 '지침서'들이 시중에 많이 나와 있다는 사실이다. 창업을 꿈꾸고 있다면, 관심분야의 서적만큼은 꼭 읽어보는 것을 추천한다. 필자는 도서관에서 프랜차이즈 관련 서적을 읽고도 궁금증이 해결되지 않아 전문과정까지 등록해 공부했다. 전문과정을 마치고 나서 처음 들었던 생각은, 아무것도 모르는 상태에서 시작했다면 그 결과가 얼마나 끔찍했을까? 하는 자문이었다. 인생에는 연습이 없다. 내 퇴직금이 들어 있는 통장 잔고는 결코 사이버머니 지수가 아니다. 그러니 지금부터 돌다리를 두들겨보는 심정으로 배우고 점검해나가길 권한다.

프랜차이즈 시스템이란 무엇인가?

프랜차이저Franchisor의 상호 및 상표, 경험, 노하우, 브랜드 인지도 등
과 같은 제품이나 서비스를 프랜차이지Franchisee가 사용을 하기 위한 계
약을 맺고 정해진 방식으로 사업을 영위하기 위하여 일정한 금전적 대가를
지불하는 시스템.

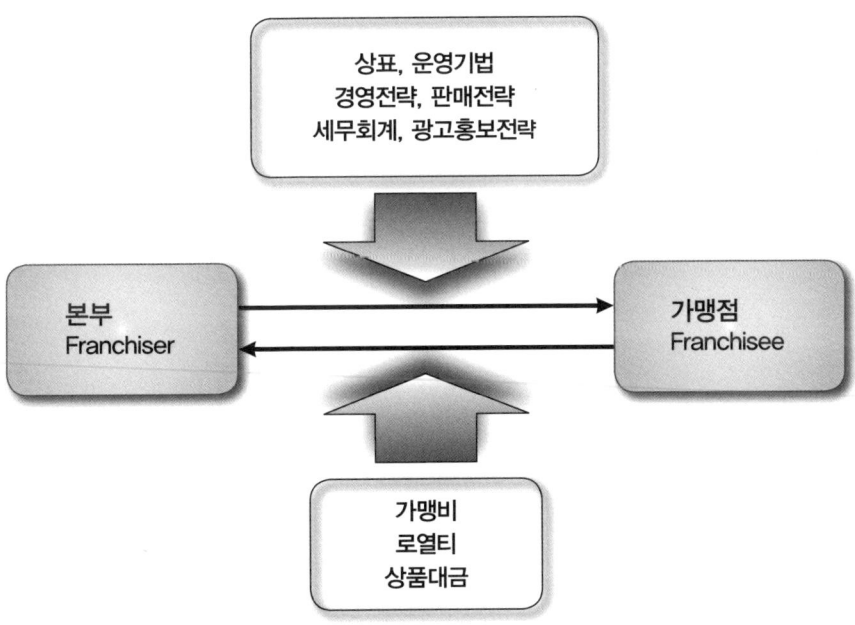

사업하는 사람 입장에서 보면 프랜차이즈 시스템은 사업을 운영하기 위한 한 방법이다. 이러한 프랜차이즈 사업에서는 가맹본부(Franchisor)와 가맹점주(Franchisee)의 관계가 발생한다. 프랜차이즈 방식은 반드시 가맹본부의 상호 및 상표, 경험, 노하우, 브랜드 인지도 등을 이용해야 하고, 계약이 이루어져야 하며 지속적인 금전적 대가가 이루어져야 인정된다.

아래의 체인스토어의 분류에 대해서 살펴보면 프랜차이즈를 이해하는 데 도움이 될 것이다. 체인스토어는 대표적으로 지역, 자본의 성격, 자본의 규모에 의해 분류가 가능하다. 먼저 지역에 의한 분류로는 전국체인, 지역체인, 지방체인 등이 있으며 자본의 성격에 의한 분류는 단일자본체인(Regular chain), 공동자본체인(Voluntary chain), 계약형 독립자본체인(Franchise chain)이 있다.

	Regular Chain	Voluntary Chain	Franchise Chain
특징	-직영점 운영체계 -동일한 자본주의 투자를 통한 동일한 단위 점포망을 직영으로 운영하는 방식	-독립매장 운영체계 -개별자본주의 투자를 독립적 운영형태로 운영하며, 공동상품매입, 판촉, 교육 정보 System을 공유하는 운영방식	-동일한 상호와 동일한 운영형태로 공동의 이익 System으로 운영하는 방식 -가맹점은 각자의 독립채산제
상품	본부매입	본부매입 개별매입	본부매입
자본	단일자본	가맹점자본	독립채산제
중점사항	철저한 본사운영 System에 의거한 단일 매뉴얼 가동	상호협력 관계를 통한 이미지 통일 운영체 구성	통합일체형 운영 개설에서 운영까지 Total관리 System 운영체계
유대감	절대적 유대	이익 우선형 유대감	약정에 의한 강제성 유대감
예	TGI Friday's Starbucks 베니건스 Outback	한남슈퍼체인 체인스토어 연합회	Franchise Shop Mcdonald 롯데리아 편의점

[자료제공 : TIFS 윤태식소장]

자신이 생각하는 아이템을 어떤 형태로 운영하는 것이 합리적인지 충분한 고민해봐야 한다. 사업 아이템에 따라서는 본사가 직영점 형태로만 운영하는 경우도 있고, 가족 및 지인들에게만 가맹점 또는 체인을 전개하는 경우도 있다. 여러 가지 체인스토어의 장단점을 잘 파악해서 자신에게 알맞은 시스템을 선택해야 한다. 직영점이나 가족 및 지인들에게만 가맹을 하는 가장 큰 이유는 가맹점과 본사 간의 분쟁을 피하기 위해서다. 프랜차이즈 본사 입장에서 가장 어려워하는 부분이 가맹점과의 분쟁 문제이기 때문이다. 프랜차이즈 본사와 가맹점 사이에서는 큰 입장 차이가 발생할 수 있다. 인간관계에서도 마찬가지지만 서로에게 기대치가 낮으면 다투는 일은 별로 발생하지 않는다. 하지만 기대치에 미치지 못하는 경우에는 다투게 된다. 가맹점 입장에서 매출이 기대했던 것보다 적을 경우 프랜차이즈 본사에 불만을 느낄 수밖에 없을 것이다. 분쟁에 관한 이야기는 관련 장에서 별도로 다루기로 한다.

프랜차이즈, 관심의 배경

과거에 창업이라는 것은 발명자, 발견자 또는 특별한 기술이나 능력 가진 사람들만의 이야기였다. 하지만 1997년도 IMF 금융구제 이후 많은 월급쟁이들은 평생직장의 꿈이 눈앞에서 산산조각 나는 것을 목도했다. 잘 다니던 직장에서도 퇴직을 '당한' 판국에 재취업이 쉬울 리 없었다. 사회생활이라고는 조직(이를테면 군대, 공무원, 기업)에서 자신에게 주어진 업무만을 착실히 수행하던 사람이 생계 수단을 잃는 절체절명의 위기상황에 처했던 것이다. 사실상 '생계'는 삶의 가장 큰 공포다. 재취업의 길이 요원해진 사람들의 관심은 자연스럽게 '창업'으로 쏠리기 시작했다. 그러나 현실은 녹록치 않았다. 조직의 부속으로 자신에게 주어진 업무만을 수행하면 되던 직장생활에 비해 구멍가게 하나를 열더라도 재무, 경영, 재고관리, 영업, 고객 관리, 인사관리, 일반 관리 등 거의 모든 분야를 혼자 수행하는 노고를 감당해야 했기 때문이다. 특히 커다란 조직에서 제한적인 업무만을 담당했던 사람일수록 고난의 경도는 컸다. 당시 많은 사람들이 개인 창업에 도전하여 좌절을 경험했다. 방송에서는 연일 가장들의 자살에 관한 보도가 끊이지 않던 시기이기도 했다.

IMF 구제금융 이후 14년이 지났다. 2012년 대한민국은 빠르게 진행되는 노령화 사회다. 또 베이비붐 세대의 은퇴가 증가하는 시기이기도 하다. 알다시피 베이비붐 세대란 2차 세계 대전 이후 폭발적 출산률 증가시기에 태어난 세대를 일컫는 말이다. 우리나라에서는 한국 전쟁 이후 1960년대 초반에 이르는 시기에 태어나 2012년 현재 나이로 50대 중반에서 60대에 이르는 연령층이 이에 해당한다. 현재 대한민국 인구 중 가장 많은 비율을 차지하고 있는 세대이기도 하다. 우리나라의 베이비붐 세대는 경제개발계획이 한창이던 60-70년대 청장년 시기를 보내며 사실상 한국 산업화 과정의 주역이었다. 베이비붐 세대가 이른바 '산업화의 역군'이던 시절 대한민국은 세계가 놀라 자빠질 만한 초고속 경제 성장을 이루어냈다. 2000년대 풍요의 시대는 이들의 피땀의 결과라 해도 과언이 아니다. 이들이 이제 직업 현장에서의 은퇴를 앞두고 있다. 웰빙, 여가산업과 실버산업의 발전, 그리고 자영업을 포함한 프랜차이즈 사업에 몰리는 관심은 베이비부머의 은퇴 시기와 무관하지 않을 것이다.

  이밖에도 현재의 창업열풍에는 조기퇴직, 청년실업과 고용불안정, 높은 실업률, 그리고 여성들의 자기계발과 구직참여 등 많은 요인이 있다. 또 의학기술의 발전으로 인한 수명 연장도 빼놓을 수 없는 요인이다. 대부분의 직장인이 일선에서 은퇴하는 나이는 평균적으로 60대 초반이다. 의학기술의 발전으로 최근 발표된 우리나라 인구의 기대수명은 80세를 넘겼다. 은퇴 후 직업 없이 평균 20년 이상을 더 살아야 하는 것이다. 퇴직 후에도 일을 하려는 노령인구가 늘고, 평생 모은 퇴직금을 투자해 자신의 사업을 하려는 사람들도 크게 증가하고 있다. 하지만 창업이란 녹록치가 않다. 그러다 보니 '잘 알지 못하는 분야라도 쉽게 창업을 시작할 수 있도록 도와주는, 그런 거 뭐 없을까?' 하는 사람들에게 프랜차이즈는 최선의 대안으로 떠오르기 시작했다.

프랜차이즈란 한마디로 유명 브랜드의 명성과 경영기법을 금전적인 대가를 지불하고 사용하는 방식이다. 식당운영에 대한 경험이 전혀 없는 사람이 자기 가게(음식점)를 연다고 생각해보라. 가장 안정적이고 편리한 방법이 바로 유명 브랜드와 가맹점 계약을 맺는 것이다. 가맹점은 가맹비, 로열티 등만 지불하면 상표와 경영시스템을 사용할 수 있기 때문이다. 얼핏 보면 계약을 통해 유명한 프랜차이즈 브랜드의 시스템을 공급받고, 자신의 사업을 영위하며 '사장'으로 거듭날 수 있는 매우 매력적인 기회다. 한 마디로 '손 안 대고 코 푸는 셈'이니 이보다 더 좋을 수는 없는 일이다. 그러나 많은 예비창업자들의 바람과는 달리 프랜차이즈가 언제나 순풍에 돛 단 형국일 수만은 없다.

다시 한 번 생각해 보라

나는 어떤 사람인가

어떤 일을 시작하기 전 항상 자신의 위치를 먼저 정립해야 한다. 모든 전략의 수립이나 행동은 자신의 위치를 정확히 알고 출발해야 실패를 줄일 수 있다. 많은 사람들이 외부환경이나 남에 대해서는 곧잘 분석하고 비평하면서도 자신에 대해서는 그렇지 못하다.

공기업에서 주어진 업무를 성실히 수행하면서 15년 간 일한 홍모씨. 성실함과 능력을 인정받아 부장까지 승진해 부하직원도 많고 연봉도 높던, 그야말로 꽤 잘나가던 사람이었다. 하지만 IMF 구제금융 때 회사의 구조조정으로 인해 조기퇴직을 해야 했다. 43세라는 애매한 나이에 재취업은 요원한데, 살림밖에 모르는 동갑내기 전업주부 아내와 고3 수험생인 아들, 고1짜리 딸이 가장만 바라보고 있었다. 당장 생계비며 아이 입시준비를 위한 학원비 등 돈 들어갈 곳은 많은데 그는 일자리를 잃은 것이다. 이제 그는 더 이상 공기업 부장이 아니다. 그는 정신을 차려야 한다고 마음먹는다. 그 후 그는 테이블 5개를 놓고 조그만 식당을 차렸다. '홍부장 연탄갈비집'의 사장이 된 것이다. 이젠 그가 고기를 구워 팔아 번 돈으로 먹고 살아야 한다.

장사가 되지 않아도 꼬박꼬박 들어가야 하는 자녀 학비, 생활비, 직원들 인건비에다 가게 임대료까지, '등이 휠 것 같은 삶의 무게'가 그를 압박해오지만 홍부장, 아니 홍사장은 마음을 다잡는다.

사람들은 살아가면서 많은 결심을 한다. 위의 홍부장처럼 오랫동안 다니던 직장을 잃고 사업을 시작하기도 하고, 갑자기 떠오른 아이디어로 사업을 시작하기도 하고, 사업을 그만두고 공부를 하기도 한다. 결심 이후에는 환경의 변화가 생긴다. 자신의 입지가 한순간 변해버린 것이다. 이제 새로운 습관의 옷을 걸쳐야 할 때가 온 것이다. 하지만 사람의 오래된 생활이나 습관을 바꾸기가 그리 쉬운가. 냉정하게 현실을 인식해야 한다. 환경이 변하면 자신의 위치를 다시 파악하고, 낡은 습관을 버리고, 하루빨리 환경에 적응하는 일이 급선무다. 만약 내가 서 있는 곳이 육지라고 생각했는데, 실제로는 바다 위에 있는 것이라고 가정해보라. 당장 배와 식량, 신선한 물, 배가 움직일 수 있는 동력 등이 필요할 것이다. 그런데 자기가 서 있는 곳이 육지라고 철석같이 믿는 사람은 아무런 준비를 하지 못한다. 그 사람은 곧 물에 빠져 죽게 될 운명이다. 자본주의 사회는 냉정하다. 따라서 자신이 '있었던 곳'이 아닌 현재 자신이 '있는 곳'을 알아야 한다. 그래야만 내가 할 일과 할 수 있는 일, 해야 하는 일을 정할 수 있다.

쪽박집은 남의 사연?

많은 프랜차이즈 전문가들은 창업에 자신의 모든 것을 투자하는 일은 절대 말려야 할 일이라고 이야기한다. 평범한 가장이 주머닛돈,

쌈짓돈, 종자돈까지 모두 털어 창업에 올인했다가 홀딱 망해 극빈층으로 전락하고 말았다는 이야기는 굳이 신문지면이 아니더라도 주변에서 심심찮게 접하는 사연이다. '설마 내 일은 아니겠지.'라고 생각하는가? 아이 등록금, 건강비 등 정작 생애 가장 많은 돈이 필요한 시기에 퇴직을 하게 되는 우리나라의 가장들은 결국 눈앞에 놓인 길이 늪인 줄 알면서도 곧 단단한 대지를 만날 거라는 막연한 기대감으로 창업을 하는 경우가 많다. 무엇을 믿고 실패는 '남의 일'이라 호언장담하는가. 긍정적인 사고와 무모한 열정은 분명 다른 것이다.

불행히도 프랜차이즈 본사의 이야기만을 듣고 창업을 했다가 피해를 보는 사례가 종종 발생한다. 평생 개미처럼 일해 모은 종자돈을 한 순간 실수로 인하여 날려버리게 되는 것이다. 이러한 사람들을 보호하기 위한 제도적 장치들이 생겨났다. '가맹사업거래의 공정화에 관한 법률'이 그것이다. 창업에 관한 법률은 일반적으로 상법商法에 해당한다. 공정거래위원회가 거래행위를 관리·감독하는데, 과거엔 가맹사업의 경우 이들 법으로 규정할 수 없는 부분이 상당수 있었다. 그래서 가맹사업거래의 공정화에 관한 법률이 제정되고 시행된 것이다. 가맹사업거래의 공정화에 관한 법률에서는 가맹점주가 본사에 지불한 가맹비를 자의적으로 사용할 수 없도록 규정하고 있다. 이는 프랜차이즈 본사가 가맹비를 받고, 실제 사업을 전개하지 않을 경우를 대비한 것이다.

그러나 '가맹사업거래의 공정화에 관한 법률'도 하늘에서 뚝 떨어진 구원의 동아줄은 아니다. 그 맹점 또한 놓치지 말아야 한다. 2부에서 다시 다루겠지만 이를 테면 가장 중요한 영업지역에 관한 부분을 가맹 본사와 가맹점 사이의 계약으로 간주하는 경우 등이다. 즉 계약을 통하여 쌍방이 협의했으므로 쌍방이 합의해서 작성한 계약서에 영업지역을 보호하지 않으면 영업지역에 대한 독점적인 권리의 보호는 사실상 없는 것과 마찬가지라는 것이다. 많은 프랜차이즈 본사는 자신들만의 영업구역에 관한 정의가 있다. 하지만 영업구역에 관한 계약을 할 때, 쌍방이 영업구역에 대해 제한하지 않는다는 문구를 계약서에 넣으면, 가맹점을 열고 몇 달 뒤에 다른 사업자가 동일 가맹점을 내 가게 인근에 오픈한다고 해도 보호받을 수 있는 법적인 우산이 없다는 것이다. 이러한 크고 작은 법률 조항이나 계약상의 함정을 꼼꼼히 체크해야 한다. 기본적인 법률 조항조차 잘 파악하지 못하고 사업을 시작한다면 그 결과를 어찌 장담하겠는가.

그나마 지금은 가맹거래사도 있고, 가맹사업거래의 공정화에 관한 법률로 인하여 정보공개서를 열람할 수도 있다. 또 인터넷을 통해 시장조사나 브랜드에 관한 정보도 발빠르게 얻을 수 있다. 직접 매장을 돌며 발품을 팔아 정보를 얻을 수도 있다. 올바른 정보를 습득하기 쉬워진 지금은 과거에 비해 '묻지 마' 투자 식의 창업이 많이 줄었다고 볼 수 있나. 하지만 지금도 프랜차이즈 본사를 운영하는 입장(특히 가맹전개를 통해 이윤을 보려는 입장)에서는 창업준비자들을 끊임없이 유혹하고 있다. 만일 창업을 준비하는 입장이라면 결코 무모한 열정만으로 덤벼들지 말아야 한다.

공부하기 싫으면 애당초 접어라

제도적 보호 장치가 속속 마련되고 있는 건 긍정적인 현상이다. 창업준비자들은 예전에 비해 안전망을 얻었다고 할 수 있을 것이다. 하지만 그것만으로는 부족하다. 창업준비자들이 뛰어넘어야 할 함정은 한두 개가 아니다. 프랜차이즈 가맹점 또는 일반 창업에 대한 지식을 쌓는다면 이러한 프랜차이즈의 함정에 빠지는 일은 막을 수 있을 것이다.

그렇다면 지식은 어떻게 습득해야 할까? 가장 쉬운 방법은 책을 통하여 배우는 것이다. 도서관이나 대형 서점에 가보면 정말 많은 종류의 책들이 나와 있다. 프랜차이즈에 관해 가장 쉽게 지식을 얻을 수 있는 방법은 누군가의 경험을 토대로 쓴 책을 정독하는 것이다. 책을 읽다 보면 '이런 것도 모르면서 창업을 했으면 어쩔 뻔했나. 하마터면 쪽박집 사례로 책에 실릴 뻔했구나' 하는 생각에 식은땀이 흐를 것이다.

달랑 책 한 권 보고 나서 프랜차이즈라면 훤히 꿰뚫게 되었다고 자만해서는 절대 안 된다. 같은 주제로 여러 권의 책을 읽으며 간접 경험을 하는 것이 매우 중요하다. 요즘에는 집필의 목적이 다양해져서 광고를 목적으로 쓴 책들도 많다. 책을 읽고 저자가 이야기하는 것을 맹신해서도 안 된다. 책은 지식을 습득하는 데 도움을 주는 도구이며, 올바른 판단을 하기 위한 조언자일 뿐이다. 모든 사업이 그렇듯, 아니 모든 선택이 그렇듯 최종 결정은 자신이 내리는 것이고, 그 책임도 내게 있는 것임을 한시도 잊지 말아야 한다.

책을 쓴 사람이 그 사업 분야에서 일인자일 거라는 환상은 버려야 한다. 글 쓰는 재주가 없어도 사업에는 신출귀몰한 사람들이 부지기수다. 따라서 책을 읽은 후에는 자신이 하고 싶은 분야의 전문가를 만나 배우는 수고도 마다하지 말아야 한다. 공부를 많이 한 사람이라고 해서 맛있는 칼국수를 만들 수 있는 것은 아니다. 하지만 칼국수 집을 하고 싶다면 정말 맛있는 칼국수를 만드는 사람을 찾아가서 그 비법을 전수 받아야 할 것이다. '전수창업'이란 바로 이런 형태의 창업을 말한다. 잘되는 식당에서 레시피와 경영시스템을 전수해 창업을 하는 형태인데, 어쩌면 우리나라의 가업 전수 방식인 '도제수업'의 전형이라 할 수도 있겠다. 프랜차이즈 가맹점 형태보다 훨씬 오래된 방법일 수도 있을 것 같다. 핵심역량을 본사에 의존하는 방식이 아닌 스스로 배워서 운영한다는 점에서 프랜차이즈 시스템보다 유리하다고 할 수도 있다. 아이템에 따라서는 꼭 프랜차이즈가 아니라 이렇게 전수창업 형태로도 창업이 가능하다.

유행 따라 가지 마라

시대의 흐름을 읽는 것은 중요하다. 하지만 유행을 좇아 부화뇌동하다가는 낭패를 볼 수도 있다. 근래의 트렌드를 '변화를 위한 변화'라고도 표현한다. 그만큼 트렌드의 속도가 총알보다 빠른 세상이다. 우선 '창업이 열풍이라니 나도 한번 해봐?' 하는 식의 유행 쫓기 창업부터가 금물이다. 돌다리 두들기듯 심사숙고해 창업을 결심한 후, 아이템을 선택할 때도 잊지 말아야 할 것은 '유행을 타는 사업인가?'

라는 질문이다. 많은 경영전문가들이 절대 유행 타는 사업을 하지 말라고 이야기한다. 특히 그것이 합법적이지 못한 것이라면 반드시 하지 말아야 한다고 이야기한다.

과거에 사행성 오락실이 유행처럼 번지던 때가 있었다. 투자금을 엄청나게 빨리 회수할 수 있다며, 너도 나도 사업장을 차리려고 했다. 하지만 동서고금 역사를 통틀어 사행성 사업을 국가에서 간과했던 사례가 단 한 번이라도 있었던가? 사행성 사업이 한참 유행이던 때 필자의 지인도 거의 모든 자산을 투자하여 사업장을 차렸다가 불과 며칠 만에 폐업하여 전 재산을 몽땅 날린 적이 있다. 그때 강력하게 말리지 못한 것이 지금도 못내 아쉽다.

우리나라 프랜차이즈 본사의 수명이 평균 5.4년이라고 한다. 몇몇 유명한 브랜드를 제외하고, 많은 프랜차이즈 본사와 가맹점이 문을 닫는다는 뜻이다. 일반 기업도 10년 이상 사업을 영위하면 장수기업이라고 이야기한다. 그만큼 10년 이상 기업을 운영하기란 쉽지 않은 일이다. 장수하는 기업은 대부분 변화에 잘 적응하는 기업들이다. 역사가 그리 길지 않은 우리나라 프랜차이즈 본사의 평균수명으로 미루어볼 때, 지금까지 우리나라의 프랜차이즈는 유행 아이템 위주의 산업이 아니었을까 하는 생각이 든다. 유행에 민감한 사업은 하지 말라는 많은 경영인들의 조언이 다시 한 번 떠오르는 순간이다.

무조건 유행을 따르지 말라. 예비 창업자들은 '잘 될 거야!'라는 분홍빛 꿈만으로 사업을 시작해서는 절대 안 된다. 개인이 하는 창업 시장에서 '대박'은 말 그대로 '신화神話'다. 열심히 일하고, 최선을 다

했더니 고객이 많아지고, 돈이 모이더라는 성공사례가 있을 뿐이다. 로또복권을 사는 마음으로 창업시장에 뛰어들었다가는 커다란 좌절을 맛보게 될 것이다. 자신의 분야에서 열심히 배우고 꾸준히 일한 사람만이 자신의 성공 스토리를 만들어낼 수 있다는 건 두말하면 잔소리다.

전문가의 조언을 먼저 들어보라

프랜차이즈 사업을 시작하기 전 전문가의 강의를 들어보는 것도 꼭 권하고 싶다. 필자의 경우 성균관대학교 경영대학원 프랜차이즈 전문과정을 수료했다. 많은 전문가들의 교육과 조언, 노하우 등을 전수받는 건 행운이라고 생각한다. 특히 요즘은 경영대학원 경영전문과정에서 프랜차이즈와 관련한 강의들을 많이 진행하고 있으니 고3 수험생이 된 마음으로 수강해보기를 권한다. 전문 강사들의 강의 내용은 물론이거니와 함께 공부하게 된 사람들의 이야기 모두 '공부'가 될 것이다. 사람들을 만나 그들이 살아온 인생에 관한 이야기를 들어보라. 많이 배운 사람이든 적게 배운 사람이든, 성공한 사람이든 실패한 사람이든, 누구나 자신만의 역사서 한 권쯤은 가지고 있다. 사람을 만나 소통한다는 건 한 권의 역사서를 읽는 것 이상으로 소중한 경험이다.

프랜차이즈시스템연구소의 윤태식 소장은 프랜차이즈는 경영방법의 하나일 뿐이라고 강조한다. 또 프랜차이즈는 종합예술과도 같다고도 말한다. 프랜차이즈 사업이란 단편적인 지식이나 경험만으로는 할 수 없다는 이야기다. 프랜차이즈 사업을 시작하려고 대학원 전문과정을 공부하다가 오히려 지레 겁먹고 포기하는 사람도 있다고 한다. 프랜차이즈뿐만 아니라 모든 사업은 다 똑같다. 어떤 사업이든 쉬운 것은 없으며, 재무, 회계, 세무, 인사, 마케팅, 법률, 관리 등 모든 부분을 알아야 하는 것이다.

위에서 말한 것들도 중요하지만 필자가 더욱 중요하게 여기는 부분이 바로 인문학적 소양이다. 어떠한 사업을 하더라도 사람을 상대로 하는 일이다. 사람을 이해하고 공감을 얻을 수 있어야만 성공할 수 있다. 고객이 어린이라면 어린이를 이해해야 하고, 고객이 학부모라면 학부모의 심정을 이해해야 잘될 수 있는 것이다. 추세와 반反추세 등 시대의 흐름을 읽는 능력도 매우 중요하다. 경제학에서 많은 현상들을 수요와 공급의 법칙으로 풀어내는 것처럼 자신이 전개할 사업이 인구통계학적으로 가능성이 있는지, 수요와 공급은 어떤지 등을 판단할 수 있는 안목을 키우는 데 힘써야 한다.

모든 것은 흘러간다(Panta rhei)

― 헤라클레이토스

아무도 말해주지 않는 프랜차이즈의 허와 실

프랜차이즈, 꿈을 꾸고 있다면
프랜차이즈 사업을 시작하려면
가맹 분쟁 사례를 통해 시행착오 줄이기
상권분석과 점포개발
피해 갈 수 없는 수요와 공급의 법칙
프랜차이즈 비즈니스 마인드
마케팅 전략
프랜차이즈 더 깊이 알기
프랜차이즈 본사를 운영하려면?
프랜차이즈 사업 경영인의 자질

프랜차이즈, 꿈을 꾸고 있다면

프랜차이즈 시스템은 요술방망이가 아니다. 환상을 버려라!

'배운 게 도둑질'이란 말을 흔히 쓴다. 한 가지 분야에 오랫동안 종사한 사람들은 대개 새로운 일을 수행하는 데 어려움을 겪는다. 아마도 많은 사람들이 프랜차이즈를 통해 창업을 하려는 가장 큰 이유 또한 '미지未知'에 대한 두려움 때문일 것이다.

배움의 양과 할 수 있는 능력은 정비례한다. 한 가지를 배운 사람은 한 가지의 일을 수행할 수 있다. 두 가지를 배운 사람은 두 가지의 일을 수행할 수 있다. 그런데 창업이라고 하는 영역은 자신이 해왔던 일 외에 너무 많은 일을 혼자 해내야 한다는 데 그 어려움이 있다. 즉 내가 지닌 역량은 3인데, 10의 일을 해야 한다는 것이다. 내가 혼자 하기엔 역부족이니 부족한 부분을 프랜차이즈 시스템에 의지하려 한다. 자신이 잘 알지 못하는 일을 프랜차이즈라는 편리한 시스템이 해결해주길 바라는 것이다.

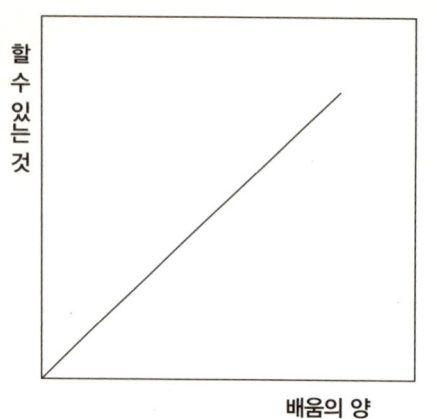
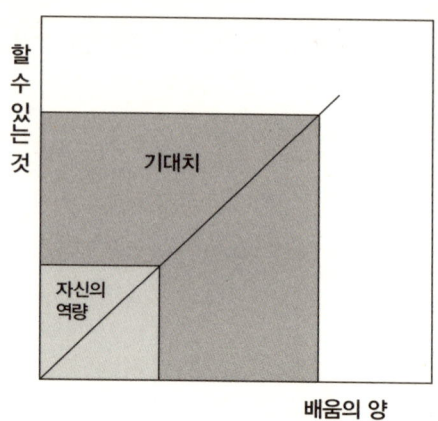

　사람들은 많은 기대감을 안고 사업을 시작한다. 특히 프랜차이즈 가맹점 형태의 창업을 시작하는 경우에는 더욱 기대치가 높아진다. 본사가 다 알아서 해줄 거라는 기대감, 가게를 열기만 하면 사업이 불길 일듯 잘 되어서 금방 대박이 날 것이라는 기대감, 적어도 먹고 살 걱정은 하지 않게 될 것이라는 기대감, 투자한 보람이 있을 것이라는 기대감, 지금의 현실에서 벗어날 수 있다는 기대감 등 수없이 많은 꿈에 부푼다. 하지만 **분명히 말하건대 현실은 기대와 다르다.** 가맹점 창업 희망자의 모든 기대치를 프랜차이즈 본사가 해결해줄 거라는 환상은 일찌감치 접는 것이 좋다. 프랜차이즈 가맹점은 프랜차이즈 본사와 마찬가지로 독립적인 사업체이기 때문이다. 프랜차이즈 본사의 도움을 받아서 창업을 하지만 모든 사업은 자신이 책임져야 하는 것이다.

나에게 맞는 '짝'인가를 고민하라

자신에게 알맞은 프랜차이즈 본사를 선택하는 것은 매우 중요한 일이다. 가맹점 입장에서 프랜차이즈 본사를 선택하듯 프랜차이즈 본사 입장에서도 가맹점을 선택한다. 엉뚱한 비유 같지만 프랜차이즈 사업을 선택하는 것은 마치 남녀가 만나 결혼에 골인하는 것과 비슷하다. 사실 엄격히 말하면 결혼도 계약(약속)인 건 마찬가지 아닌가. 남녀가 만났다고 해서 모두 결혼에 성공하는 것이 아니듯, 가맹점 희망자와 프랜차이즈 본사가 만난다 해도 모든 경우에 계약이 성사되는 것은 아니다. 서로를 잘 알기 위해서는 의사소통이 필요하다. 상대의 가치관이나 스타일, 매력 등 많은 것을 알아가는 시간이 필요하듯, 프랜차이즈 가맹점과 본사 사이에도 무수히 많은 소통과 조율의 시간이 필요하다. 만일 '여성의 가장 큰 매력이란 강한 생활력이다'라고 생각하는 남성이 있다면 그는 여성의 외모나 성격, 가치관 등을 별로 따지지 않을 수도 있다. 프랜차이즈 본사를 선택할 때 다른 것은 몰라도 본사 사장의 마인드가 가장 중요하다고 생각하는 창업준비자가 있다면, 자신의 생각과 맞아떨어지는 프랜차이즈 본사를 만났을 때 다른 것은 별로 개의치 않고 계약을 할 수도 있을 것이다.

하지만 모든 부부가 백년해로하는 것이 아니고, 모든 전략적 제휴가 영원할 수 없는 것처럼 프랜차이즈 본사와 가맹점도 숱하게 만나고 헤어진다. 사업을 시작하기 전에 아이템만 알아보다가 시작도 않고 포기하는 경우도 있을 것이고, 계약을 체결한 후 사업을 하다가 매출이 오르지 않아 문을 닫는 경우도 생길 것이다. 프랜차이즈 본사가 망해서 부득이하게 사업을 접어야 하는 일도 있을 것이다. 사람이 살아갈 때 미래에 일어날 일을 알 수 없듯이 프랜차이즈 사업도 마찬가지다. 미래는 알 수 없다. 하지만 적어도 알 수 없는 미래에 대한 불확실성을 줄일 수 있는 방법이 있다. 바로 많이 생각하고, 발로 뛰어다니며 공부하는 것이다.

내가 하려는 업종의 경쟁자를 파악하라

최근 탄탄한 자본력으로 좋은 시스템을 만들어 서비스를 제공하는 매장이 점점 늘어나고 있다. 개인 창업자는 이제 요식업, 세탁업, PC방, 슈퍼마켓 등의 분야에서도 거대 기업이나 유명 프랜차이즈 본사와 경쟁해야 하는 것이다. 많은 제품을 한꺼번에 사는 쪽이 좀 더 저렴하게 구매할 수 있고, 한 사람이 전문적인 한 가지 일을 하는 것이 업무 효율을 훨씬 높일 수 있듯, 전문시스템을 가진 곳이 가격과 품질 면에서 우위를 선점할 수 있다는 건 두말하면 잔소리일 것이다.

사실 거대 기업이나 유명 프랜차이즈 본사는 개인이 상대하기에는 너무 막강한 경쟁자다. 이젠 동네 빵집들도 대부분 유명 브랜드의 프랜차이즈 빵집으로 바뀌고 말았다. 세탁소들도 '세탁공장' 수준의 프랜차이즈 업체와 가격 경쟁을 해야 하며, 동네 구멍가게도 대기업에서 운영하는 기업형 슈퍼마켓(SSM) 등과 경쟁해야 하는 형편이다. 소비자 입장에서야 좋은 물건과 서비스를 저렴한 가격에 공급받을 수 있으니 대기업이건 개인사업체건 마다할 리 없다. 빵 하나를 사더라도 개인이 운영하는 제과점에서 제공하지 않는 할인이나 이벤트, 서비스 등을 제공하니 소비자는 오히려 유명 브랜드 제과점을 선호할 수도 있다. 남의 일이 아니다. 경우에 따라서는 나 또한 상대하기 벅찬 상대를 프랜차이즈 경쟁자로 맞게 될 수도 있다. 전문 서비스나 시스템을 개발하여 품질의 경쟁력을 확보하고, 많은 매장을 통한 구매 경쟁력을 갖추어 가격과 품질을 높일 수 있는 프랜차이즈 시스템을 갖춘 곳을 알아보아야 할 것이다.

발로 뛰어라

제품에 대한 정보가 부족한 상태에서 판매자의 친절한 설명은 소비자의 구매결정에 많은 영향을 끼친다. 하지만 이런 구매 방법에 익숙해진 사람들이 창업을 하려고 할 때에도 같은 방법으로 계약을 체결한다면 잘 되는 경우에는 상관없겠지만, 그렇지 못할 경우에는 많은 손해를 감당해야만 한다.

인터넷의 발달로 이제 소비자는 판매자와 동일한 상품 정보를 공유하게 되었다. 그렇기 때문에 판촉을 위해서는 판매자가 소비자보다 더욱 많은 연구를 해야 한다. 사람들은 대부분 의사결정을 내리는 데 있어서 선행자들의 선택을 궁금해한다. 영리한 판매자들이 우물쭈물하는 구매자에게 이야기한다. '요즘 잘나가는 제품입니다.' '많은 사람들이 이 제품을 선호합니다.' '조금 전 다른 분도 이걸로 사가셨습니다.' 등의 권유로 구매결정을 내리도록 돕는 것이다. 인터넷 쇼핑몰의 상품평을 참조하여 물건을 구입하는 것도 같은 이치다. 무의식중에 내 선택에 다른 사람들의 고민과 경험치를 반영하고자 하는 것이다.

그러나 프랜차이즈 창업은 텔레비전이나 양복을 구매하는 것과는 다르지 않은가. 생계가 달려 있거나 많은 돈이 걸린 가맹점 계약에 대해서는 신중에 신중을 기할 필요가 있다. 요즘 가맹전개가 잘 되는 브랜드라고 무작정 계약을 했다가는 낭패를 볼 수도 있다. 프랜차이즈 본사의 이야기만 듣고 계약을 할 것인가?

요즘엔 정보공개서를 제공할 때나 계약을 체결하려고 할 때 실시간으로 집계되는 POS(판매되는 제품이나 상품에 대한 정보를 판매 시점에서 즉시 기록하는 시스템)데이터를 보여준다고 한다. 영업자 입장에서는 상대에게 신뢰감을 줄 수 있고, 계약 희망자가 직접 데이터를 확인하여 선택에 도움이 되도록 하는 것이다.

하지만 사무실에서 수치로 확인할 수 있는 것은 분명히 한계가 있다. 가급적이면 매장을 직접 방문해보기를 권한다. 실제로 가맹점을 방문하여 현재 가게를 운영하고 있는 사람을 만나 진솔한 이야기를 듣는 것이 좋다. 물론 가맹점주의 성향에 따라서 만나기를 꺼려하는 사람도 있을 것이다. 그런 경우라면 길 건너편에서 매장을 관찰하는 것도 매우 좋은 방법이다. 가맹점 분위기뿐만 아니라 유동인구, 고객의 연령대 등을 직접 눈으로 확인하고 꼼꼼히 점검하는 것이 좋다. 만약 운 좋게도 친절한 가맹점주를 만난다면 운영상의 애로사항이라든가 장단점 등 현장에서 가장 도움이 될 만한 정보를 얻을 수 있을 것이다. 잘 되는 곳은 왜 잘 되는지, 안 되는 곳은 왜 안 되는지 잘 배우고 파악해야 한다. 프랜차이즈는 브랜드와 운영시스템만 가지고 성공할 수 있는 사업이 아니다. 가맹점주마다 운영 노하우는 많이 다를 수 있다. 가맹점주의 인상, 서비스 정신, 고객을 대하는 태도, 종업원을 대하는 태도, 불만을 해결하는 과정 등 프랜차이즈 본사가 해줄 수 없는 많은 부분이 성패를 좌우하기도 한다.

프랜차이즈 사업을 시작하려면

정보 구하기

프랜차이즈에 관심을 갖게 되면 맨 처음 정보를 찾고자 할 것이다. 가장 많이 이용하는 방법이 인터넷 웹사이트를 이용하는 것이다. 법률조항에도 나와 있듯이 프랜차이즈 본사를 운영하려면 정보공개서를 등록해야 한다. 정보공개서를 확인할 수 있는 곳은 공정거래위원회의 가맹사업거래 웹사이트(http://franchise.ftc.go.kr)이다. 정보공개서 열람메뉴를 통해서 조회할 수 있다. 열람메뉴를 클릭하면 검색페이지가 나오는데 2,889건(2011년 12월 현재)의 정보공개서가 있는 것을 확인할 수 있다. 검색된 페이지에서는 간단한 정보가 조회되고, 상세페이지 하단에 정보공개서 보기 버튼을 클릭하면 자세한 내용을 볼 수 있다. 자신에게 맞는 아이템을 선정하려고 할 때 미리 웹사이트를 통해서 정보를 습득하는 것이 좋다.

프랜차이즈 관련 사업을 진행하다 보면 분쟁이 발생할 수도 있는데, 이러한 분쟁을 조정해주는 곳이 한국공정거래조정원(http://www.kofair.or.kr)이다. 보통 분쟁이 발생한 후에야 계약서나 법률을 살피게 되는데 사전에 계약서의 내용을 충분히 파악해두는 것이 좋다. 만일 창업 이후에 분쟁이 발생할 경우 법률에 관한 정보는 국회에서 제공하는 법률지식정보시스템(http://likms.assembly.go.kr/law/)을 이용하면 도움이 된다.

인터넷 웹사이트뿐 아니라 소상공인 진흥원에서 발간하는 『소상공인 업종별 편람』이란 책자가 있다. 이 책에는 많은 정보가 담겨 있다. 이 책의 발간사를 소개하는 것으로 소개를 대신하려고 한다. 웹사이트에서 PDF파일을 다운로드할 수 있다.

발간사

지금 우리나라는 비임금 근로자인 자영업자 비중이 미국이나 일본에 비해 2~3배 높은 수준으로 자영업 시장은 이미 포화상태라는 지적이 제기되고 있습니다. 이러한 과잉경쟁 속에서도 생계형 창업은 실업자들의 유일한 선택으로 여겨지고 있습니다. 그러나 오늘날 창업시장을 살펴보면 소비자들의 욕구가 다양해지면서 사업아이템의 라이프사이클은 더욱 짧아지고, 새로운 사업체의 창업은 물론 기존의 사업체까지도 생존마저 어려워지고 있는 상황입니다.

하루에도 수많은 사람들이 나이와 경력에 관계없이 창업을 하고 있습니다. 아무도 자신이 실패할 것이라고 생각하는 사람은 없을 것입니다. 경제성장을 구가했던 과거에는 사업을 시작하면 성공할 확률이 높았습니다. 그러나 지금은 새로운 선진 경영기법과 풍부한 자본을 배경으로 하루가 다르게 많은 경쟁업체들이 생겨나고 있어 성공을 장담하기가 힘들어졌습니다.

이러한 사회적 변화는 창업을 꿈꾸는 예비창업자와 기존 소상공인들에게 철저한 자기점검 및 사전지식을 요구하고 있습니다. 이에 소상공인진흥원에서는 소상공인들에게 업종별 창업관련 정보를 제공하기 위해 『소상공인 업종별 편람』을 발간하게 되었습니다.

본 편람에는 '09년 소상공인 관련 핵심이슈와 더불어 40개 업종에 대한 통계 및 창업시 점검사항, 관련법규 등의 내용이 담겨 있습니다. 특히 업종별 창업성공 전략과 향후 업종별 트렌드에 대한 분석은 생업에 종사하고 있는 소상공인들에게 보다 폭넓은 지식을 제공할 것으로 생각됩니다.

『소상공인 업종별 편람』이 예비창업자 및 기존 소상공인들에게 성공적인 창업과 경영에 유익하게 활용될 수 있기를 바라며, 시장의 변화를 선도하고, 가야 할 올바른 길을 제시하는 나침반 역할을 해줄 것으로 기대합니다.

아무쪼록 소중한 자료가 나오기까지 애쓰신 여러분들의 노력과 헌신에 위로와 격려의 말씀을 전합니다. 이 책과 함께하시는 모든 분들의 건승과 발전을 기원합니다.

2009. 12. 소상공인진흥원장 홍용웅

[자료: 2009 소상공인 업종별 편람 중]

가맹사업거래의 공정화에 관한 법률 살펴보기

법이라고 하면 어쩐지 재미없고 딱딱한 느낌이 든다. 하지만 프랜차이즈 창업을 준비하는 사람이라면 결코 피해갈 수 없는 관문인 것이 사실이다. 관련 법규를 간단하게 언급하고자 한다.

가맹거래사업의 공정화에 관한 법률은 가맹본부와 가맹희망자 또는 가맹점 사업자의 분쟁을 줄일 수 있도록 정보공개서 등록, 정보공개서 제공 의무화, 가맹금 예치제도, 계약갱신요구제도, 가맹금 반환, 분쟁조정협의 등을 포함하고 있다.

소자본과 경영 노하우 없이도 창업이 가능한 가맹 사업은 실·퇴직자 및 주부 등에게 일자리를 마련해주고 노동시장의 유연성을 제고하는 좋은 대안으로 대두하였다. 그러나 일부 가맹 본부가 기만적인 모집 행위를 하여 가맹사업 희망자에게 피해를 주고, 가맹 본부의 우월적인 지위를 남용한 불공정한 거래 행위가 이루어졌다.

이러한 시장 실태는 국민들에게 가맹사업에 대한 불신감을 가져오게 하여 우량한 가맹본부의 사업 확장이나 기술력 있고 좋은 아이디어를 가지고 있는 예비 가맹본부의 창업에 장애 요인으로 작용하였다.

따라서 이 법의 제정으로 가맹사업거래의 전 과정에 걸친 투명성을 제고하여 공정한 거래 질서를 확립하고, 가맹사업 거래 당사자의 분쟁과 자율적인 해결을 도모할 수 있는 제도적인 근거를 마련하여 가맹사업의 건전한 발전과 이를 통한 국민경제의 발전을 이루어가고자 하는 것이다.

[자료제공: 가맹거래사 이태융]

프랜차이즈 본사의 불법적인 영업형태를 방지하고, 가맹사업자의 권익을 보호하기 위하여 가맹사업거래의 공정화에 관한 법률이 제정되었다. 가맹사업거래의 공정화에 관한 법률의 목적은 가맹사업의 공정한 거래질서를 확립하고 가맹본부와 가맹점 사업자가 대등한 지위에서 상호보완적으로 균형 있게 발전하도록 함으로써 소비자 복지의 증진과 국민경제의 건전한 발전에 이바지함을 목적으로 한다.(가맹사업거래의 공정화에 관한 법률 제1조)

가맹사업거래의 공정화에 관한 법률에서는 가맹사업을 하는 본사에서 정보공개서를 의무적으로 공정거래위원회에 등록하도록 하고 있다. 이는 가맹점 창업 희망자가 본사에 관해서 알아야 할 기본적인 사항을 제공하는 것이다. 현재 약 2,800여개의 정보공개서가 등록되어 있다. 실무에서는 계약을 체결하려는 가맹희망자가 요청하면 정보공개서를 제공하는데, 이 때 본사는 가맹희망자에게 수령확인서를 받아 두는 것이 좋다고 한다. 아래는 가맹본부와 가맹희망자가 알아야 할 사항을 요약한 표이다.

구 분	가맹본부	가맹희망자 또는 가맹점사업자
정보공개서 등록 제도	가맹점사업자를 모집하기 위해서는 먼저 정보공개서를 사실대로 작성하여 정부의 등록심사를 받아야 함.	가맹본부가 제공하는 정보공개서가 정부의 등록심사를 받은 것인지 확인 필요.
정보공개서 제공 의무화	가맹희망자에게 반드시 등록된 정보공개서를 제공하고, 제공 후 14일이 지난 후에 가맹계약을 체결해야 함. 단, 가맹거래사나 변호사의 자문이 있는 경우 7일로 단축.	가맹본부로부터 등록된 정보공개서를 제공받아 14일 동안 면밀히 검토한 후 창업여부를 결정하는 것이 바람직함. 또한 가맹거래사와 같은 전문가의 조력을 받는 것이 현명.
가맹금 예치 제도	가맹희망자로부터 가맹점 영업 개시일까지는 가맹금을 직접 수령하여서는 아니됨. *다만, 가맹점사업자피해보상보험계약, 공제조합과 공제계약 등을 체결한 경우에는 직접 수령 가능.	가맹금을 가맹본부에 직접 지급하지 말고 공신력 있는 금융기관에 예치한 후, 가맹점 영업이 정상적으로 개시된 경우에 가맹본부가 수령하도록 함.
가맹금 반환 관련	정보공개서를 제공하지 않는 경우, 계약체결 후라도 가맹점 사업자가 원하는 경우에는 가맹금을 반환해야 함.	정보공개서를 제공받지 않거나 숙고기간이 14일 이내인 경우에는 계약체결 후 2개월 이내에 가맹금 반환을 요구할 수 있음.
계약갱신요구 제도	계약기간이 종료되더라도 정당한 사유를 제외하고는 가맹점사업자의 계약 요구를 거절할 수 없음(갱신기한은 10년).	원칙적으로 가맹계약 갱신요구권이 인정되나, 가맹금 지급의무나 가맹본부의 중요한 영업방침을 지키지 않을 경우 계약갱신 요구 보장 안 됨.
가맹점사업자 영업구역 보호	계약체결 당시 가맹점사업자의 독점적 영업구역을 보호하기로 한 경우에는, 동 영업구역 내에 직영점이나 타 가맹점을 설치할 수 없음.	계약체결시 가맹본부가 독점적 영업구역을 보호해주는지를 꼼꼼하게 살피는 것이 바람직함.
가맹사업거래 분쟁조정협의회 관련	가맹사업거래분쟁조정협의회가 가맹본부의 사업자단체인 '한국프랜차이즈협회'에서 공정거래위원회 산하 '한국공정거래조정원'으로 이관.	
가맹거래사 관련	정보공개서에 대한 자문, 정보공개서 등록신청, 가맹사업거래분쟁조정협의회 분쟁조정신청을 하고자 하는 경우, 가맹사업거래 전문 자격사인 가맹거래사를 활용.	

[자료제공: 가맹거래사 이태웅]

가맹사업거래의 공정화에 관한 법률은 반드시 꼼꼼하게 챙겨 보아야 한다. 이후 정보공개서와 실제 계약을 체결하고 가맹사업을 하기까지 본사와 가맹점 사이에 분쟁이 발생하지 않도록 하기 위해서는 자세히 알아봐야 할 내용이다. 만약 법률이나 계약서의 내용 중 이해가 가지 않거나 애매한 부분이 있다면, 전문가에게 의뢰하는 것이 추후 비용 손실을 막는 지름길이 될 수 있다.

정보공개서를 꼭 비교해보고(특히 경쟁업체), 계약서를 꼼꼼히 살펴보고 잘 보관하는 것도 잊지 말아야 한다. 평상시에는 서랍 속에 모셔두었다가 문제가 발생했을 때 꺼내 보는 것이 계약서라고 생각하면 안된다. 아무런 문제없이 사업이 운영되는 것이 가장 바람직하지만, 많은 것을 투자하는 가맹점 입장에서는 자세한 부분까지 검토를 하는 것이 좋다. 즉 문제가 발생한 후에야 부랴부랴 계약서 내용을 살펴보지 말고, 계약 당시 찬찬히 확인하라는 것이다. 많은 사람들이 모두 알고 있는 내용이지만 의외로 간과되는 부분이다. 보험 가입 시, 약관을 전부 읽고 가입하느냐고 묻는 사람도 있는데, 할 수만 있다면 그렇게 하는 것이 마땅하지 않겠는가. 필자는 조금 늦어지더라도 계약서만큼은 꼭 자세하게 따져볼 것을 권하고 싶다. 불합리하거나 문제의 소지가 있는 부분은 계약서에 도장을 찍기 전에 확인하는 것이 좋다.

또 하나 반드시 짚어 보아야 할 중요한 사항은 영업지역 보호에 관한 부분이다. 안타깝게도 가맹사업거래의 공정화에 관한 법률에서는 이 부분에 대해 본사와 가맹점의 협의 하에 진행하도록 만들어졌다. 현행법에서는 프랜차이즈 본사와 가맹점 사이에 영업구역에 대한 제한이 없다. 계약만 된다면 같은 사업자가 내 사업장 바로 코앞에 또 하나의 가맹점을 차릴 수도 있다는 의미이다. 가맹사업거래의 공정화에 관한 법률 이후 창업희망자들에 대한 제도적 보호장치가 강화된 것은 사실이지만 영업구역에 관한 조항만큼은 법으로 강제하지 못하는 부분이다. 영업지역 보호에 관한 부분은 창업희망자가 본사와의 계약 조건에서 빼놓지 말고 점검해봐야 한다. 이 부분은 다음 장인 '가맹분쟁사례' 부분에서 더 자세히 다루기로 한다.

정보공개서 확인

⊙ 가맹본부의 일반 현황

⊙ 가맹본부의 가맹사업 현황(가맹점사업자의 매출에 관한 사항을 포함한다)

⊙ 가맹본부와 그 임원(「독점규제 및 공정거래에 관한 법률」 제2조제5호에 따른 임원을 말한다. 이하 같다)이 이 법 또는 「독점규제 및 공정거래에 관한 법률」을 위반한 사실, 사기·횡령·배임 등 타인의 재산을 영득 또는 편취하는 죄에 관련된 민사소송에서 패소의 확정판결을 받았거나 민사상 화해를 한 사실, 사기·횡령·배임 등 타인의 재산을 영득 또는 편취하는 죄를 범하여 형을 선고 받은 사실

⊙ 가맹점사업자의 부담

⊙ 영업활동에 관한 조건과 제한

⊙ 가맹사업의 영업 개시에 관한 상세한 절차와 소요기간

⊙ 교육·훈련에 대한 설명(교육·훈련계획이 있는 경우에 한한다)

[자료제공: 가맹거래사 이태웅]

정보공개서는 계약 전 프랜차이즈 본사에 대해서 알아볼 때 유용한 자료로 사용된다. 정보공개서를 확인하고, 프랜차이즈 본사에서 개최하는 사업설명회 등에 참석하는 것도 많은 도움이 된다. 정보공개서와 사업설명회는 본사입장에서 이야기하는 부분이 많으니, 판단은 항상 자신의 몫이라는 사실을 인식하길 바란다.

직원 훈련 교육프로그램 참여해보기

프랜차이즈가 교육사업이라는 이야기는 여러 번 했다. 프랜차이즈 본사 입장에서나 피교육자, 즉 창업 희망자 입장에서나 교육의 중요성은 100번을 강조해도 과하지 않다. 교육의 본질은 '만남'에 있다. 결국 배우고 가르치는 것도 어떤 식으로든 사람과 사람이 만나 소통하며 이루어지는 것이기 때문이다. 소통에 관한 이야기가 과연 프랜차이즈에만 적용되는 이야기일까? 소통은 거의 모든 사업의 핵심이다. 고객과 소통하고 내부 직원과 소통하는 것은 모든 사업에서 가장 기초적이고 중요한 요소이다. 프랜차이즈뿐만 아니라 모든 기업의 경쟁력은 결국은 인적자원이다. 따라서 프랜차이즈 회사에서도 가맹점주, 운영책임자 등을 대상으로 한 교육시스템을 마련하는 곳이 늘고 있다.

전문가들은 프랜차이즈 아이템을 선정할 때 인력에 대한 의존도가 높은 아이템은 선택하지 말라고 조언한다. 예를 들면 주방장의 의존도가 높은 요식업 아이템은 주방장에 의해서 사업의 성패가 달려 있기 때문에, 경영자가 직접 실무를 할 수 없으면 운영이 어렵다는 것이다. 그러나 사업을 해본 사람은 잘 알겠지만, 경영자가 모든 것을 다

할 수는 없는 노릇이다. 혼자서 모든 것을 다 하려고 하는 마음으로 사업을 시작한다면 혼자서 충분히 운영할 수 있는 아이템을 선택해야 한다. 경영자 혼자서 모든 것을 다 할 수 없기 때문에 동료와 교육프로그램이 필요하다. 외국의 오래된 프랜차이즈 본사에서는 가맹점주, 운영책임자, 파트타이머 등 직책에 알맞은 다양한 프로그램을 가지고 있다. 그리고 각 업무의 세세한 부분까지 잘 요약한 매뉴얼이 있다. 매뉴얼과 교육 자료로 끊임없이 교육을 실행한다. 물론 외국의 프랜차이즈만 이러한 교육시스템과 매뉴얼을 가지고 있는 것은 아니다. 우리나라의 프랜차이즈 본사에서도 다양한 교육프로그램과 매뉴얼을 구비한 곳이 있다. 교육시스템이 잘 되어 있는 프랜차이즈가 성공할 가능성이 더 높다. 교육이란 것도 결국 의사소통이니 끊임없는 소통을 잘 하는 곳이 그만큼 잘될 확률이 높아지는 것은 당연한 이치다.

교육프로그램은 크게 교육대상에 따른 교육과 시점에 따른 교육으로 구분할 수 있다. 프랜차이즈 본사마다 다르지만, 먼저 대상에 따른 교육프로그램은 아래와 같다.

최고경영자	수퍼바이저	매장관리자	정직원	파트타이머
경영마인드	의사소통	매뉴얼	직무	고객응대
기업윤리	매장운영관련	매장직원관리	마케팅	판매
최신경영기법	트러블 슈팅	고객서비스만족	Management	안전,위생
인문학	마케팅	POS	의사소통	제품제조
트렌드		고객불평처리	제품기본	
		매출관리		
		안전,위생		
		일반관리		

[교육대상별 교육프로그램]

프랜차이즈 시스템, 또는 아이템에 따라서 교육프로그램은 달라진다. 위 표는 대상에 따라서 교육프로그램이 다르다는 것을 보여준다. 물론 여러 가지 업무를 수행해야 하는 회사에서는 한 사람이 여러 가지의 훈련을 해야 한다. 프랜차이즈 사업운영에서는, 커다란 규모의 회사에서 전문화된 한 가지 업무를 처리하던 사람보다 작은 회사에서 여러 가지 업무를 처리하던 사람이 좀 더 유리할지도 모른다. 프랜차이즈 본사 업무나, 가맹점 업무 모두 단순한 한 가지 업무만 처리하지는 않는다. 따라서 자신이 현재 몸담고 있는 곳에서 교육프로그램이 진행된다면 기회가 될 때마다 배워두는 것이 좋다. 무료로 지원되는 교육프로그램들도 상당수 있다. 프랜차이즈 관련 사업을 시작하고 싶다면, 무료로 지원되는 교육을 받는 것도 추천한다. 관련 정보는 아래 웹사이트를 참조하길 바란다. 아래 웹사이트에서는 교육프로그램 이외에도 많은 정보를 제공하니 주의 깊게 살펴보길 바란다.

소상공인진흥원 http://www.seda.or.kr/
(사)한국프랜차이즈협회 http://www.ikfa.or.kr/
프랜차이즈시스템연구소 http://www.tifs.co.kr/

프랜차이즈 업계뿐만 아니라 모든 기업에서 직원들 교육에 많은 관심을 쏟는다. 기업은 직원들이 꾸준히 성장할 수 있도록 도움을 주어야 한다. 직원들의 역량이 커진다는 것은 곧 기업의 성장을 의미하기 때문이다. 사실 규모가 작은 기업이나 매장에서 직원 교육프로그램을 마련하는 것은 쉬운 일이 아니다. 이럴 경우에는 외부의 교육 프로그램에 참여토록 하거나 개인적인 의사소통, 혹은 독서 토론 등을 통해 직원 교육에 힘써야 한다. 거창한 교육프로그램이 아니더라도 직원 각자의 능력에 맞게 얼마든지 교육할 수 있다. 회사의 대표나 상사의 경험담, 본사 교육 내용을 전달해 주거나, 특정 주제로 토론하는 형태의 교육 방법은 매우 바람직하다. 전문 강사에게 배우는 것만이 교육은 아니다. 자신의 현업에 맞는 살아 있는 교육이 가장 가치 있고 중요한 교육인 것이다. "교육은 가르치는 것이 아니라 보여주는 것이다."

가맹거래사를 아십니까?

'가맹거래사'라는 직업이 있다는 사실을 아는 사람은 많지 않을 것이다. 가맹거래사란 공정거래위원회가 실시하는 가맹거래사 자격시험에 합격한 후 대통령령이 정하는 바에 따라 실무 수습을 수료하고 공정거래위원회에 등록한 국가자격사를 의미한다. 우리나라에서 2003년 처음 시행했다.

가맹거래사는 가맹사업의 사업성에 관한 상담 및 검토, 정보공개서와 가맹계약서의 작성 및 수정에 관한 상담·자문, 가맹사업자의 부담, 가맹사업 영업활동의 조건 등에 대한 상담 및 자문, 가맹사업 당사자 교육 및 훈련에 대한 상담·자문, 가맹사업 거래 분쟁조정 신청의 대행, 정보공개서 등록 신청의 대행 등의 일을 한다.

'가맹사업거래 공정화에 관한 법률'에 근거하며 가맹사업(프랜차이즈)을 희망하는 사람들에게 가맹사업과 관련된 전반적 안내 및 법률 서비스를 제공하기 위해 도입되었다. 공정거래위원회가 주관하는 시험에 합격한 후, 일정 기간 실무연수를 마치고 공정거래위원회에 등록한 후 활동 가능하다. 시험은 1차, 2차로 나누어 치르는데 1차 시험은 객관식, 2차 시험은 서술형으로 각 과목 40점 이상, 전과목 평균 60점 이상을 득점해야 합격할 수 있다. 합격 후엔 공정거래위원회 산하 단체인 대한가맹거래사협

회를 중심으로 활동한다.

 창업희망자가 가맹거래사를 통해서 거래를 할 때는 전문적인 정보를 얻을 수 있다는 장점이 있다. 자신의 창업형태에 따른 아이템을 추천 받거나, 아이템이 결정된 후에는 창업 목적과 가까운 업체들에 관한 정보를 얻을 수 있다. 자신이 알지 못하는 정보를 얻을 수 있다는 장점이 있지만, 선택은 창업희망자의 몫이다. 사실 아직까지 가맹거래사는 대부분 프랜차이즈 본사에 고용되는 경우가 많다. 즉 본사 입장에서 일하는 경우가 더 많은 것이다. 창업준비자를 위한 컨설팅 업무를 하기도 하지만 아직까지는 프랜차이즈 본사와 가맹점 사이의 분쟁을 해결하기 위한 조언이나, 사전에 분쟁을 줄일 수 있는 업무를 주로 처리한다.

가맹 분쟁 사례를 통해 시행착오 줄이기

프랜차이즈 본사와 가맹점 사이의 법률적 분쟁은 끊이질 않는다. 그만큼 본사와 가맹점의 입장차이로 인한 문제가 많이 발생한다는 것이다. 본사는 사업을 유지하기 위해서 가맹점을 늘려야 하고, 유통에 관한 마진을 확보하거나 로열티를 요구해야 한다. 반대로 가맹점은 낮은 단가의 원자재나 상품을 공급받아야 하고, 로열티를 줄이고 매출을 최대한 늘려야 한다. 각각의 입장에서 판단하면 딱 잘라 시시비비만 가릴 이야기는 아니다. 결국 이러한 분쟁은 한 가지 원인으로 귀결된다. 바로 가맹점의 '수익'이다. 가맹비, 인테리어, 유통비용, 로열티를 지불하고 기대만큼 이익이 발생하면 분쟁은 발생하지 않을 것이다. 다시 말해 분쟁은 가맹점이 기대만큼 수익을 내지 못하는 데 기인한다. 물론 가맹점이 잘 되더라도 분쟁이 발생하는 경우도 있다. 이 부분은 실제 분쟁 사례를 예로 들어 소개해볼까 한다.

지적재산권 (영업표지)	– 가맹본부의 상표권 – 가맹본부의 가맹점사업자에 대한 상표 통제
가맹점 사업 실패	– 적정 매출 및 이윤이 나오지 않을 때 – 허위, 과장 정보 – 예상매출 근거 – 가맹본부의 높은 공급단가, 광고판촉 부족 – 가맹점 사업자의 자질
불공정거래행위	– 부당한 계약해지/갱신거절 등 – 영업지역 문제 – 광고, 판촉비 분담
가맹본부의 통제 미준수	– 사입(私入) – 로열티 미지급(매출 보고 누락) – 겸업, 경업금지 의무 위반

[자료제공: 법무법인 법여울 변호사 박영만]

가맹사업 관련한 분쟁을 크게 가맹점 입장에서의 분쟁과 프랜차이즈 본사 입장에서의 분쟁으로 나눌 수 있다. 각각의 분쟁 사례에 대해서 알아보도록 하자.

분쟁사례-가맹점입장

①매출에 관한 분쟁

프랜차이즈 본사에서 제시한 예상 매출과 가맹점을 실제 운영하면서 발생한 매출이 현격한 차이를 보이는 경우에 주로 발생하는데 사실 해결이 매우 어렵다. 대부분 계약서에는 매출에 대해 보장하는 조항이 없기 때문이다. 실제 가장 빈번하게 발생하는 분쟁사례인데, 가맹점이 이러한 이유로 보상을 받기는 어려우니 계약 전 실제 가능 매출을 신중하게 판단해야 한다. 정보공개서에 공개된 매출에 관한 자료도 살펴보고, 인근 가맹점들의 영업현황과 실제 가맹점을 개설하려고 하는 지역의 유동인구 및 실소비자가 얼마나 되는지 등을 알아보는 것이 매우 중요하다.

프랜차이즈 본사가 예상매출 자료를 보여주는 경우도 있다. 예상매출이 아닌 실제 매출 자료를 요구하는 것이 좋고, 판단은 가맹점을 개설하는 사람이 해야 한다. 예상매출 시트를 보고 높은 기대에 부풀어 사업을 시작하는 건 금물이다. 최근에는 예상매출을 제시하는 곳보다는 실제 매출 자료를 공개하는 프랜차이즈 본사가 점점 늘고 있다.

②프랜차이즈 본사의 지원이 부족한 경우

프랜차이즈 본사에서 계약을 체결하기 전에는 모든 것을 다 해줄 것처럼 이야기하더니 계약 후엔 나 몰라라 하더라 하는 경우다. 가맹점 입장에서야 황당하기 짝이 없는 노릇이다. 계약서의 중요성을 강조하는 것은 바로 이와 같은 이유 때문이다. 가맹계약서 및 정보공개서에서 프랜차이즈 본사의 지원 사항이 무엇인지 먼저 파악해야 하고, 반드시 계약서에 명기해야 한다. 그리고 명기된 사항을 요청할 땐 서면으로 하는 것이 도움이 된다.

③영업지역에 관한 사항

프랜차이즈 본사가 가맹점 사업자의 영업지역 안에 또 다른 직영점 혹는 다른 가맹점을 개설하거나 다른 상호로 동종업종의 가맹점을 개설해주는 경우가 있다. 이 때에도 가장 중요한 것은 바로 계약서이다. 계약서에 영업지역보호 정책이 있는지, 어떤 내용으로 보호하는지 정확하게 명시되어 있어야 이를 어길 시 손해배상 청구가 가능하다. 만약 영업지역에 대해 보호하겠다는 조항이 없다면 보호받을 수 있는 방법은 사실상 요원하다.

최근에는 이러한 분쟁을 해결하고자 노력하는 프랜차이즈 본사도 많다. 초창기 피자 배달 업체에서는 영업지역에 관한 분쟁이 끊이지 않았다. 프랜차이즈 본사에서 영업지역에 대한 정책을 세우고 이를 지켜서 가맹점을 개설하더라도, 가맹점 사업자가 전단지 등을 자신의 영업지역 바깥까지 배포하여 영업행위를 시도하면 본사로서는 통제가 불가능했기 때문이다. 하지만 대표번호 시스템이 도입된 후 이를 해결할 수 있었다. 고객이 대표번호를 이용하여 주문을 하면, 중앙 콜센터에서 해당 가맹점으로 주문을 전달하는 방식의 시스템이다. 배달 서비스 분쟁은 이렇게 시스템 개선을 통하여 해결되는 경우도 있다.

④상표(서비스표)권에 대한 문제

프랜차이즈 본사가 상표(서비스표)권을 제3자에게 양도하는 경우에는 매우 곤란한 사항이 발생한다. 상표(서비스표)권으로 인해서 간판과 인테리어를 바꿔야 하는 경우까지 발생할 수도 있다. 상표(서비스표)권을 등록하지 않은 상태에서 프랜차이즈 본사를 시작했는데, 추후 다른 사람이 해당 상표(서비스표)권을 등록한 경우에도 비슷한 상황이 발생할 수 있다. 어느 날 갑자기 당신이 사용하는 상표(서비스표)에 대한 권리는 내가 가지고 있으니 권리에 대한 사용료를 지불하거나 상표(서비스표)를 사용하지 말라고 하는 것이다. 따라서 계약 전에 상표(서비스표)권이 출원중인지, 등록된 것인지, 등록되어 있다면 누구의 명의로 등록된 것인지, 질권 등 담보로 제공된 것은 아닌지 등에 대한 사전 조사가 필요하다. (한국특허정보원 특허정보검색서비스 : http://www.kipris.or.kr)

⑤본사가 가맹점 사업자에게 공급하는 물품의 가격이 비싼 경우

일반적으로 공급되는 물품의 가격이 비싸다는 이유로, 가맹사업자가 본사에 대해 계약해지 또는 가격인하 요구를 할 수 있다는 법적 권리는 사실상 없다. 특히 계약서에도 이와 같은 권리가 부여되는 경우가 거의 없다. 프랜차이즈 본사의 수익원 중 높은 비중을 차지하는 유통에 관한 부분을 불리하게 책정해 계약서를 작성하는 프랜차이즈 본사가 있겠는가. 물품의 가격이 비싸다는 이유로 가맹점 사업자가 사입을 하게 되면, 프랜차이즈 본사는 계약해지 및 손해배상을 청구할 수도 있다는 것에 유의해야 한다.

⑥가맹본부가 가맹계약 갱신을 거절하는 경우

현행법에서는 가맹점 사업자가 계약만료 전 180일에서 90일 사이에 계약갱신 요구 시 프랜차이즈 본사는 10년까지는 정당한 사유가 없는 한 이를 거절 못하도록 되어 있다. 여기에서 주목해야 할 점은 10년이 보장되어 있다고 하더라도, 정당한 사유에 의해서 갱신이 거절될 수 있다는 것이다. 정당한 사유가 있는 경우, 프랜차이즈 본사는 가맹사업자의 갱신 요구일부터 15일 이내에 거절사유를 서면으로 통지하여야 한다. 그러면 정당한 사유는 어떤 것들이 있을까?

⊙ 가맹금 지급의무를 지키지 않는 경우
⊙ 다른 가맹점에 통상 적용되는 조건이나 영업방침을 수락하지 않는 경우
⊙ 가맹사업유지에 필요한 중요한 영업방침이나 기준(필요설비 확보나 각종 자격, 면허준수 등)을 지키지 않는 경우

[자료제공: 법무법인 법여울 변호사 박영만]

만약 계속해서 가맹점을 하고 싶은데, 프랜차이즈 본사에서 계약연장을 해주지 않는다면 어떻게 할까? 특히 생계형 창업의 경우 매우 난처한 상황에 빠지게 될 것이다. 기업의 윤리적인 경영이 강조되는 것도 이러한 부분 때문이 아닐까 한다. 가맹점 사업자가 정상적인 운영을 하지 않아 브랜드 전체의 이미지가 실추되는 것을 막기 위해 프랜차이즈 본사가 부득이하게 영업장을 폐쇄하거나 양도하는 경우도 있다.

분쟁사례-프랜차이즈 본사의 입장

①가맹점사업자가 계약 종료 또는 해지 후 가맹본부와 유사·동종업의 점포를 운영하는 경우

가맹점사업자가 계약 종료, 또는 해지 후 가맹본부와 유사한 동종업종의 점포를 운영하는 사례가 빈번하게 발생한다. 본사의 핵심역량을 쉽게 흉내 낼 수 없다면 몰라도, 아이템이 가맹점 운영 경험 노하우를 통해 비교적 쉽게 얻을 수 있는 것이라면 프랜차이즈 본사 입장에서는 정말 난감한 일이다. 같은 곳에서 10년간 가맹점 형태로 사업을 하던 점주가 계약이 만료된 후에 계약연장을 하지 않는다. 단골을 많이 확보한 가맹점 사업자가 계약 종료 후 간판 등 영업표지를 바꾸고, 그 동안 독자적으로 개발한 아이템을 추가해 사업을 영위하는 것이다. 로열티, 유통 마진, 광고홍보비 등을 수익원으로 사업을 영위하는 프랜차이즈 본사 입장에서는 안타까운 현실이다. 그래서 어떤 프랜차이즈 본사에서는 인테리어 자체를 등록하는 경우도 있다고 한다. 쉽게 영업표지를 바꿀 수 없도록 하기 위함이다. 프랜차이즈 본사와 가맹점 사이에서 힘이 강한 쪽이 그 권력을 휘둘러 자신의 이익만을 챙기려는 것은 결과적으로는 모두 잘될 수가 없는 것이다. 우리나라 프랜차이즈 본사의 평균수명이 5.4년인 이유도 이와 무관하지 않을 것이다.

②가맹점 사업자가 일방적으로 가맹점 운영을 포기하는 경우

가맹점 사업자가 계약기간 중 개인적인 사정 등 법정 해지사유 또는 계약상의 해지사유 이외의 사유로 가맹점 운영을 포기하는 경우이다. 이때 프랜차이즈 본사에서는 가맹점 운영이 계속되었다면 얻을 수 있었을 이익을 손해배상 명목으로 청구할 수 있다. 이러한 사항은 프랜차이즈 본사보다 오히려 가맹점 사업자가 더 주의해야 한다. 계약기간 동안 충분히 운영할 수 있는 능력을 갖추었는지 계약 전에 판단을 해보는 것이 중요하다.

③가맹점 사업자가 프랜차이즈 본사가 지정한 자로부터 원재료 또는 부재료 등을 공급받지 않는 경우

사입에 관한 사항도 있다. 가맹점 사업자가 프랜차이즈 본사 또는 본사가 지정한 자로부터 원재료 또는 부재료 등을 공급받지 않는 경우이다. 프랜차이즈 본사에겐 상표권 보호, 영업의 통일성 등을 보호하기 위하여 원재료 또는 부재료의 독점적 공급권이 인정된다. 따라서 가맹점이 이를 위반한 경우에는 공급중단, 계약해지, 손해배상 등 계약사항을 통해 본사의 권리를 보호할 수 있다. 같은 품질의 동일한 재료라면 프랜차이즈 본사의 원재료를 대신하여 다른 곳에서 구매해도 되지만, 품질이나 상표 등이 상이한 경우에는 사업을 이용하여 영업을 해서는 안 된다는 것이다. 그래서 프랜차이즈 본사에서는 원재료를 그대로 공급하는 경우보다 가공이 된 상태(상표나 품질을 흉내 낼 수 없도록)로 공급하는 경우가 많다. 물론 유통부분의

마진을 전혀 생각하지 않는 로열티 기반의 프랜차이즈 본사에서는
원재료의 품질에 관한 감독만 하는 경우도 있다.

④가맹점 사업자가 프랜차이즈 본사의 영업정책을 따르지 않을 경우
가맹점 사업자가 프랜차이즈 본사의 마케팅, 판촉, 교육 정책 등의
영업정책을 따르지 않는 경우이다. 이러한 경우엔 계약상 프랜차이즈
본사의 통제권 및 가맹점 사업자의 의무로 영업정책준수를 정하고
이를 위반할 시 계약해지나 손해배상청구 등을 할 수 있다.

프랜차이즈 사업과 관련한 분쟁은 이외에도 무척 많을 것이다. 사
업을 진행하면서 분쟁이 발생하는 것은 바람직하지 않지만, 프랜차
이즈 본사와 가맹점 사업자의 다른 입장차이로 인하여 분쟁 발생이
불가피한 경우가 많다.
프랜차이즈 사업에서 분쟁발생을 최소화하려면, 신뢰 관계 속에서
프랜차이즈 본사와 가맹점 사업자가 서로 잘 협력하여 다 같이 잘
될 수 있는 윈윈Win-Win관계를 구축해야 한다. 프랜차이즈 관련
사업을 하다가 분쟁이 발생하면 도움을 받을 수 있는 곳이 있다.

- 한국공정거래조정원
- 공정거래위원회
- 법원, 대한상사중재원

'5-3=2'

언젠가 거래처에 갔는데, 사무실 벽에 이런 공식이 붙어 있었다. '오(5)해는 상대의 입장에서 세(3)번 생각하면 이(2)해가 됩니다.'라는 뜻이란다. 정말 멋진 표현 아닌가. 특히 프랜차이즈 본사나 가맹점을 하는 사람들 역시 서로 상대방의 입장에서 생각하고, 함께 성장할 수 있는 방법을 연구하며 끊임없이 소통한다면 이해를 넘어서 멋진 관계가 되지 않을까 생각해본다. 물론 이상과 현실 사이에는 괴리가 있을 것이다. 하지만 서로를 비방하거나 대책이 없는 불평을 하는 것보다는 유익할 것이라고 생각한다.

수퍼바이저

프랜차이즈 본사에서는 가맹점을 관리하기 위하여 수퍼바이저를 양성한다. 수퍼바이저는 직역하면 '조언자'이지만, 프랜차이즈 사업에서는 가맹점의 사업을 점검하고, 가맹점의 매출 향상에 도움을 주며 본사와 가맹점의 소통을 담당하는 역할을 수행한다. 가맹점 지역에 대한 정보를 조사하고, 사업이 잘 되지 않는 가맹점주와 함께 소주 한 잔 마시며 이야기를 들어주는 등 인간적인 관계도 형성한다.

가맹점주와 본사가 만나는 접점이기도 한 수퍼바이저의 역할은 대단히 중요하다. 수퍼바이저는 프랜차이즈 본사의 대표를 대신해서 가맹점주를 만나는 사람이다. 즉 사업에 관한 거의 모든 것을 알고 있어야 하며, 문제 발생 시 해결할 수 있는 권한도 더불어 필요하다. 미국의 한 브랜드에서는 7년 이상 점장으로 재직한 사람들에게만 수퍼바이저가 될 수 있는 기회가 주어진다고 한다. 즉 실무와 이론을 겸비한 사람만이 수퍼바이저가 될 수 있다는 것이다.

프랜차이즈 본사에서는 수퍼바이저를 양성하기 위해 고정적인 예산을 편성한다. 로열티를 기반으로 한 글로벌 프랜차이즈 본사에서는 수퍼바이저의 중요성을 일찌감치 인식해 인재 양성에 많은 노력을 기울인다고 한다. 하지만 우리나라의 경우 로열티를 기반으로 한 프랜차이즈가 거의 없기 때문에 전문적인 수퍼바이저 양성에 많은 어려움이 있다. 전문적인 수퍼바이저를 양성하기 위해서는 지속적인 투자가 필요한데, 로열티 기반의 수익구조를 창출하지 못하는 프랜차이즈 본사에서는 그림의 떡과 같은 이야기이기 때문이다. 물론 로열티 외에 유통이나 가맹전개를 통해 많은 수익을 확보하여 수퍼바이저를 양성할 수 있겠지만, 본사의 대표와 비슷한 업무를 수행해야 하는 사람을 양성한다는 것은 쉽지 않은 일이다. 우리나라에서는 물류담당자나 영업담당자가 수퍼바이저의 역할을 수행하는 경우가 많다. 여기에서 본사와 가맹점 사이의 의사소통의 문제가 시작된다는 것이다. 물류담당자나 영업담당자에게는 문제를 해결할 수 있는 권한이 함께 주어지는 경우가 거의 없기 때문이다. 프랜차이즈의 역사가 길지 않은 우리나라에서는 전문 수퍼바이저를 양성하는 곳도 거의 없다. 발로 뛰고 몸으로 부딪혀 경험을 쌓은 사람들이 대부분이다. 우리나라의 프랜차이즈의 발전을 위해서는 본사의 로열티를 기반으로 한 수익창출과 전문 수퍼바이저 양성이란 커다란 과제가 남아 있는 셈이다.

상권분석과 점포개발

자신의 아이템에 어울리는 상권을 찾아라!

상권이란 무엇인가? 상권은 상업적 시설을 이용하는 사람들이 유입되는 권역, 또는 상업 시설이 밀집되어 있는 권역을 말한다. 상권의 유형은 크게 지역별, 업종별, 소비군별로 구분할 수 있다. 지역별 상권이라고 하는 것은 지하철역 주변을 말하는 역세권을 예로 들 수 있고, 업종별 상권은 의류나 신발 등 동종상품을 판매하는 곳이 모여 있는 로데오거리, 가구 판매점이 모여 있는 가구단지, 전자제품 판매점이 모여 있는 전자상가 등을 예로 들 수 있다. 소비군에 따른 상권은 흔히 대학교 주변의 대학가 상권, 사무실 밀집 지역의 오피스 상권, 주거 공간 밀집 지역의 주거 상권 등 소비층이 비교적 분명하게 구분되는 상권을 말한다. 간단히 상권의 유형만 살펴보아도 자신이 하고자 하는 아이템이 어느 상권에 적합한지 생각해볼 수 있다.

좋은 상권이란 아이템의 특성과 잘 어울리는 상권이다. 초등학교 앞에는 술집보다는 문방구나 분식집이 좋고, 오피스 밀집 지역에는 식당이나 술집이 더 잘 어울린다는 사실은 설명하지 않아도 알 것이다. 하지만 상권이 아이템과 잘 어울린다고 해서 반드시 성공하는 것은 아니다. 좋은 상권이라고 해서 성공을 보장하지는 않는다. 그러나 성공 가능성을 높이기 위해서 창업 전에 상권과 점포 개발에 관한 사항은 반드시 알아보아야 한다. 우선 자신이 창업하고자 하는 아이템에 알맞은 곳을 선택해야 한다. 만약 아이템이 보습학원이고, 주요 고객이 초등학생이면 초등학교 근처에 가서 조사를 하고, 아이템이 대학생들을 대상으로 하는 퓨전 요리점라면 대학가 주변으로 가야 한다.

그러면 어떻게 이러한 정보를 알 수 있을까? 실제 상권에 직접 나가 보기 전에 웹사이트의 정보를 이용하는 것이 좋다. 물론 자본이 허락한다면 전문가에 의뢰하여 도움을 받아도 좋다. 소상공인진흥원(http://www.seda.or.kr)에서 제공하는 상권분석 시스템을 통해 관심 있는 지역과 업종을 선택하여 상권분석을 해볼 수도 있다. 소상공인종합정보시스템에서는 정보마당을 통하여 해외 신新사업 아이디어나 창업 가이드 등 많은 정보도 확인할 수 있다. 사업을 시작하기 전 이러한 정보를 알아보는 것은 매우 도움이 된다. 프랜차이즈의 정보공개서 조회도 가능하고, 분쟁조정에 관한 안내도 확인할 수 있다.

본격적인 상권분석을 하기 위해 먼저 계획을 수립한다. 자신의 아이템에 알맞은 상권 후보를 정하고, 기초자료를 수집한 후 상권을 진단한다. 이후 현장 실사를 통하여 실제 상권을 눈으로 확인하고, 상권 및 입지에 관한 분석을 실시한 후 보고서를 작성한다. 각 단계에서 필요한 사항들은 먼저 후보 상권에 대한 기초자료를 수집하고, 상권진단을 위하여 도시기본계획, 인구 및 주택통계, 소득과 소비수준 통계 등 각종 통계를 알아본다. 현장실사에서는 전체적인 상권 위치를 파악하고, 지적도를 작성하여 세부 상권 및 입지를 파악한다. 이때 동종 업체는 얼마나 있는지, 대체재나 보완재를 공급하는 곳은 얼마나 있는지, 주요 집객 시설로는 어떤 것들이 있는지 정확하게 파악해야 한다. 그리고 실제 유동인구가 얼마나 되는지, 주로 어떤 연령층이 지나 다니는지 등 세부적인 분석이 필요하다. 같은 상권이라고 해도 사업이 잘 되는 라인이 있고, 들어가기만 하면 망하는 라인도 있을 수 있다. 마지막으로는 이렇게 조사한 내용을 가지고 보고서를 작성하는 일이다. 보고서는 번거로운 작업이라고 생각할 수 있지만, 보고서를 작성하면서 다시 한 번 자료를 정리할 수도 있고, 다른 사람에게 의견을 물어볼 때도 좋은 자료로 활용할 수 있다.

또 입지 현황, 즉 후보상권에 있는 편의시설과 위해환경시설을 알아보아야 한다. 주변에 있는 공공시설(금융기관, 관공서, 종합병원 등), 편의시설(재래시장, 백화점, 쇼핑센터 등), 교육시설(초등학교, 중학교, 고등학교, 대학교 등), 기피시설(폐기물소각장, 오폐수 처리장 등) 등이 있는지를 조사해야 한다. 집객시설, 즉 백화점이나 터미널, 공항, 편의시설 밀집 조성지역, 먹자골목 등 유동인구를 발생시키는 시설이 주변에 있는가도 고려해야 하며, 유동인구를 파악하면서 이들의 교통수단도 눈여겨볼 필요가 있다. 어떤 사람들이 주로 오가는지 시간대별, 요일별로도 체크해야 한다. 그렇게 오고 가는 사람들이 자신의 아이템에 맞는지가 핵심 포인트이다.

다시 한 번 강조하지만 자신의 아이템에 맞는 상권이 좋은 상권이다. 그리고 상권이 좋다고 해서 무조건 성공하는 것은 아니다. 자신의 자본 규모에 따라서 결정해야 하는 상황이니만큼 신중하게 판단해야 할 문제다. 여기서 한 가지, '융자를 얻는 등 조금 무리해서라도 좋은 상권에서 사업을 하는 것이 좋을까, 아니면 조금 부족한 상권이지만 무리 없이 사업을 시작하는 것이 좋을까?' 하는 의문이 떠오를지도 모르겠다. 사실 누구도 명쾌하게 대답할 수는 없다. 오직 사업을 시작하는 사람이 판단할 수 있는 문제다. 사업이 어려운 것은 바로 이러한 어려운 선택이 무수히 많이 다가오기 때문인지도 모른다. 그리고 선택과 판단에 대한 책임도 자신이 감당해야 한다.

유동인구 다음으로는 어떤 업종이 얼마나 분포가 되어 있는지 알아보는 것이 중요하다. 예를 들어 커피전문점을 열고자 한다면 해당 상권에 몇 개의 커피전문점이 있는지 파악하고, 패스트푸드점이나 생과일음료 판매점, 북카페, 애견카페, 레스토랑 등 커피전문점을 대체할 수 있는 가게가 얼마나 분포되어 있는지도 함께 알아봐야 한다. 유동인구가 현재 있는 커피판매점보다 훨씬 많다면 좋은 입지를 물색해보고, 유동인구에 비해서 커피판매점이나 대체 상점이 많다고 생각되면 판매 경쟁이 치열할 것이니 신중하게 생각해보아야 한다. 또 하나, '유사 업종의 상점이 아무리 많아도 잘 되는 곳은 잘 되지 않느냐? 안 되는 곳은 유동인구가 많아도 안 되더라.' 하는 의문이 떠오를 것이다. 이러한 판단 역시 사업을 시작하는 사람의 몫이다. 하지만 주의해야 할 점은 절대 인구통계 정보를 무시해서는 안 된다는 사실이다. 자신의 아이템이 경쟁력을 갖추고 있고, 나에겐 충분한 열정이 있기 때문에 어떤 경쟁에서도 살아 남을 수 있다고 생각하는 것은 위험한 생각일 수도 있다. 실패했던 사람들도 모두 같은 생각으로 사업을 시작했다는 사실을 잊지 않기를 바란다. 따라서 막연한 기대감이 아닌 구체적인 계획과 대비가 동시에 이루어져야 한다.

최근에는 웹사이트를 이용하여 기본적인 여러 가지 정보를 파악할 수 있다. 자신은 아날로그 세대라고? 온라인을 모른다면 웹사이트를 이용하는 경쟁자에 비해서 그만큼 불리한 입장에서 출발해야 한다는 사실을 명심하라. 소상공인종합정보시스템, 통계청, 창업넷, 서울특별시 창업스쿨, 창업보육센터, 네트워크시스템, 재택창업시스템 등 많은 웹사이트가 존재하는데 이러한 정보를 이용할 수 없다면 정보의 양에서 뒤처져 시작하는 것과 마찬가지다. 점점 치열한 경쟁을 해야 하는 환경에서는 창업자들도 많은 것을 배워야 한다. 무한경쟁시대다. 창업을 하고 내 사업을 시작하기로 마음먹었다면 이제 내 경쟁 상대는 바로 어제까지 나를 '고객님'이라 부르던 대기업이 될지도 모를 일이다. 시장에서는 경쟁력을 갖추지 못하면 바로 도태되고 만다는 사실을 한시도 잊지 말 것! 내가 생각하는 아이템이 하늘에서 뚝 떨어진 새로운 것이 아닌데다, 기존 업체들과 경쟁까지 해야 한다면 정신 똑바로 차려야 한다. 못할 것이 어디 있는가. 모르면 배워야 한다.

점포 알아보기

상권분석이 끝났다면 이제 점포를 알아볼 차례다. 실제 자신의 아이템을 구현할 곳을 찾아보는 것이다. 해당 상권의 부동산에 발품을 팔며 돌아다니는 방법도 있고, 전문적인 점포개발 부동산을 통해서 알아보는 방법도 있다. 프랜차이즈 본사와 가맹점주는 이 두 가지 방법을 모두 병행하여 좋은 조건의 입지를 확보하는 것이 중요하다. 직접 상권을 조사하다 보면 사업이 잘 되지 않아 폐업하는 바람에 새로운 매장을 기다리는 곳도 있고, 아직 영업중인데도 매물로 나온 곳도 있다. 이러한 경우는 대부분 보증금 이외에도 권리금이 발생한다. 좋은 상권에서 권리금이 없는 곳을 만나기란 쉽지 않은 일이다. 만약 그러한 곳이 있다고 하더라도, 부동산 관련해서 알아보아야 할 사항이 너무도 많다. 기본적으로 보증금, 권리금, 월세 등이 얼마인지 알아보고, 계약 전에는 등기부등본 등 등기 관계를 확인해야한다. 도시가스를 사용해야 하는 아이템이라면 해당 건물에 도시가스 배관이 들어와 있는지 등도 알아보아야 한다. 점포를 찾아 헤매다 보면 마음에 드는 곳은 비싸고, 비교적 저렴한 곳은 마음에 들지 않는 경험을 하게 될 것이다. 자신의 아이템에 꼭 맞는 입지를 찾는 것도 쉽지 않은 일이다. 하지만 발로 뛰며 알아보는 꼼꼼한 상권분석은 많은 위험을 최소화하는 기본적인 노력이다.

프랜차이즈와 부동산

프랜차이즈 사업을 부동산 사업이라고 말하는 사람도 있다. 즉 프랜차이즈 고유의 아이템을 이용하여 이윤을 창출하는 것이 아니라, 저평가된 부동산을 매입하여 가맹점을 신설하고, 이후 부동산의 가치가 올라가면 부동산을 매각하여 이익을 얻을 수도 있기 때문이다.

자본력과 높은 브랜드 이미지를 가지고 있는 업체는 충분히 가능한 전략이다.

대부분의 프랜차이즈 사업에는 매장이 필요하기 때문에 부동산과 매우 밀접한 관계가 있다. 많은 사람들이 자신의 부동산을 가지고 운영하지는 않는다. 자신의 자본과 생활권을 고려하여 상권을 선택하고 임차를 통하여 가맹점을 개설한다. 가맹점을 개설할 때에 사업 아이템 이상으로 살펴보아야 할 것이 바로 부동산인 것이다. 사업이 잘 되는 가맹점 아이템이라고 하더라도 건물주인이 계약 만료 후 나가라고 하면 대책이 없다. 만약 시설이 많이 투자된 가맹사업을 시작하여 7년 정도 운영해야 손익분기점을 돌파하고, 10년 정도 운영하면 이익을 얻을 수 있다고 가정해보자. 보통 시설이 투자된 사업은 임대차 기간을 대략 5년으로 잡는다. 따라서 상가임대차보호법에서 보장하는 기간도 확인해야 한다. 겨우 자리 잡고, 조금씩 이익을 기대할 수 있는 시점인데 건물주가 나가라고 한다면? 사업이 잘 되어 5년 만에 손익분기점을 돌파하였다고 뿌듯해하다가 날벼락을 맞는 셈이다. 투자된 시설에 대한 권리도 누리지 못하고, 원상복구를 해야 하는 비용까지 들어가게 된다면 망연자실할 수밖에 없는 것이다. 자본력을 가지고 있는 프랜차이즈 본사나 가맹희망자가 아니라면, 부동산을 직접 사들여 매장을 열 만큼 여유가 있는 가맹점주는 사실 많지 않다.

따라서 매장 임차를 통하여 가맹점을 운영하려고 하는 사람이라면 부동산에 관한 정보도 함께 얻는 것이 필수다. 특히 자신이 하려고 하는 아이템이 시설비가 많이 들어가는 사업이라면 특별히 더 많은 부분을 고려해야 하는 것이다. 실제 시설이나 전 임차인, 임차료의 변동추이 말고도 건물주의 개인적인 가치관이나 성향까지도 파악해야 한다. 부동산 관련한 분쟁을 많이 경험한 곳은 건물주가 직접 가맹점을 개설하는 것을 선호하는 경향이 있다.

직영점의 또 다른 운영방법 '위탁경영'

아이템에 따라 다르지만 프랜차이즈 가맹점을 열기 위해선 초기자본이 필요하다. 한 평생을 열심히 살아왔더라도 자본금이 없는 경우도 있다. 집안에 건강이 좋지 않은 가족이 있거나 갑작스러운 사고로 인해서 목돈을 모을 여력이 없었을 수도 있다. 창업할 만한 자본금도 모으지 못한 상태에서 회사를 그만두어야 하는 상황에 처하면 살아갈 날이 막막할 것이다. 평생 지켜온 집을 담보로 하여 사업을 하다가 실패하면 더욱 어려운 삶을 살아가야 한다. 창업의 문턱이 너무도 높게 느껴진다. 이러한 상황에서 생각할 수 있는 방법이 '위탁경영'이다. 예를 들면 사업이 번창하는 식당에서 좋은 입지지만 적절한 아이템을 찾지 못하는 곳에 자신의 직영매장을 열 계획을 세운다. 이때 새로운 매장을 운영할 사람도 함께 알아본다. 즉 위탁 운영을 통한 개점이라고 할 수 있다. 사업운영 능력과 서비스 마인드를 갖추었으나 자본적인 여유가 없는 사람이 해당 매장을 운영해 약정된 부분의 비용을 매장 주인에게 지불하고, 나머지는 자신의 소득으로 가져가는 방법이다. 사업능력과 서비스마인드를 가지고 있지만 자본력이 없는 사람에게는 좋은 기회가 될 수 있다.

사업운영 능력과 서비스 마인드를 갖추고 있다고 해서 누구에게나 좋은 기회가 오는 것은 아니다. 자신을 믿고, 자신의 능력을 인정해줄 수 있는 사람이 필요한 것이다. 많은 사람들과 좋은 관계를 유지한다는 것은 매우 중요한 일이다. 경영자 입장에서는 인재를 구하는 것이 너무 어렵고, 구직자들은 일자리를 구하기가 너무 어렵게 느껴진다. 자신이 할 수 있는 범위 안에서 구직의 기회가 주어진다면 자신이 할 수 있는 만큼 최선을 다하여 사람들과의 관계를 좋게 유지하는 것이 바람직하다. 인생을 살아가면서 언제 어떤 일이 발생할지는 아무도 모른다. 자신의 능력이나 마인드를 다른 사람에게 인정받을 수 있다면, 자본력을 갖추지 못하더라도 기회가 찾아올 수 있는 법이다.

샵인샵Shop in Shop

'샵인샵'은 매장 안에 매장을 개설하는 방법이다. 다소 생소하게 들리지만 아이템을 가지고 창업을 하려고 하는데, 너무 높은 부동산 비용을 감당할 수 없을 때 시도하는 방법이다. 부동산 임차 비용을 절감할 수 있다는 장점이 있다. 대체로 상호 협조적인 관계에 있는 아이템들 사이에서 많이 이루어지는 방법인데 예를 들면 대형 슈퍼마켓에 정육코너, 신선채소 코너, 수산물 코너 등 비슷한 업종이 들어오는 것이다. 만약 매장의 월 임대료가 1,000만 원이라고 가정했을 때 정육, 채소, 수산물에 일정공간을 할당하고 임차료를 각 100만 원씩 받는다면, 슈퍼마켓 운영자는 월 700만 원으로 임차료를 줄일 수 있는 것이다. 물론 재임대에 관한 내용을 확인해야 한다. 임차료를 줄이는 것뿐만 아니라 고객이 찾아올 수 있는 가능성을 높여서 서로의 매출이 오를 수 있는 시너지효과도 기대할 수 있다.

또 다른 예로 미용실 안에 네일아트 전문점이 입점하는 경우, 찜질방 안에 식당, 마사지, PC방, 매점 등이 입점하는 경우나 주유소에 테이크아웃 커피전문점이 입점하는 경우 등 샵인샵의 형태는 매우 다양하다. 이러한 매장의 공통점은 사람이 많이 모일 수 있는 환경을 만드는 것을 목표로 한다는 점이다. 만약 자신이 생각하는 아이템이 다른 아이템과 함께 운영했을 때 시너지

효과를 기대할 수 있으면 샵인샵 방법을 고려해보는 것도 하나의 방법이 될 수 있다. 부동산 관련 비용 및 인테리어 등 창업비용을 획기적으로 줄일 수 있고, 기존의 샵 고객을 자신의 고객으로 유치할 수 있는 좋은 기회로 작용할 수 있기 때문이다.

프랜차이즈 사업뿐만 아니라 다른 형태의 사업에서도 이와 비슷한 방법을 이용하여 영업하는 경우도 있다. 가장 많이 볼 수 있는 것은 방카슈랑스, 즉 은행에서 보험상품을 판매하는 것이다. 보험사 입장에서 보면 고객을 찾아 다닐 필요 없이 은행에 찾아오는 고객을 대상으로 판매를 하기 때문에 훨씬 유리하다. 금융상품을 거래하는 사람들에게 보험을 판매하니 전국적인 은행 인프라를 이용할 수 있다는 점에서 획기적인 영업방식이다.

이러한 형태의 영업방법은 동종 업계에 파급효과를 가져온다. 본사 입장에서는 비용을 줄일 수 있는 방법이지만, 기존 영업 인력들은 생각지도 못한 강력한 경쟁자로 인해 일자리를 잃을 수도 있기 때문이다. 다이렉트 보험, 즉 자동차보험사의 본사가 보험상품을 직접 판매하는 방식으로 수수료를 낮추는 바람에 경쟁력이 약화된 기존 영업조직이 자연스럽게 사라지는 현상처럼 말이다. 휴대폰의 등장, 즉 과학기술의 발전으로 인하여 하루아침에 사라진 무선호출기(삐삐)처럼 환경에 맞춰 변화하지 않으면 하루아침에 내 일자리가 없어질 수도 있는 것이다.

피해 갈 수 없는 수요와 공급의 법칙

　프랜차이즈 사업을 시작할 때에도 수요와 공급의 법칙은 피해 갈 수 없다. 경제학에서 기본원칙 다음으로 다루는 부분이 수요와 공급의 법칙이 아닐까 한다.

　제품이나 서비스를 구매할 사람은 많은데 제품이나 서비스를 판매할 사람이 적다면 가격은 오르게 된다. 반대로 제품이나 서비스를 구매할 사람은 적은데 판매할 사람만 줄을 섰다면 가격은 자연히 내려가게 될 것이다. 즉 수요량과 공급량에 따라서 모든 것의 가격이 결정된다. 산유국들이 원유생산을 줄인다는 발표를 하면 휘발유 가격이 올라간다. 또 배추 생산량이 줄어 배추 가격이 폭등해 김치가 '금치'가 되는 경우도 종종 있다. 이처럼 수요자는 변동이 없는데, 공급자의 생산량이 줄어들면 가격은 올라가게 될 것이고, 수요자가 준다면 가격도 함께 내려갈 것이다. 만약 올 가을 배추 가격이 엄청나게 폭등하자 이번엔 농부들이 죄다 배추 농사만 지었다고 하면 다음 해의 배추 가격은 불을 보듯 뻔한 것이다.

　프랜차이즈 사업에서도 수요와 공급의 법칙을 무시할 수 없다. 만약 치킨 판매 사업을 한다고 가정해보라. 먼저 적절한 지역을 선택을 하고, 가장 먼저 조사해야 하는 항목이 바로 '인구통계정보'이다. 쉽게 말하자면 '그 동네에는 몇 사람이나 살고 있는지'를 알아봐야 하는 것이다. 그리고 연령대는 어떻게 분포되어 있는지도 함께 조사해야 한다. 그리고 그 지역에 비슷한 치킨 전문점이 몇 개나 되는지 파악하는 것도 중요하다. 프랜차이즈 가맹점을 하려고 할 때 같은 브랜드만 보면 안 된다. 경쟁브랜드와 개인적으로 사업을 영위하는 곳도 모두 파악해야 한다. 만일 한 지역의 치킨을 구매할 수 있는 사람이 약 1만 명이고 이들이 평균적으로 한 달에 2번 치킨을 배달시켜 먹는다고 가정하면, 이 지역에서는 한 달에 약 20,000마리의 치킨을 판매할 수 있다는 가정이 나온다. 그런데 공급자를 조사해보니, 재래시장의 통닭집까지 포함해 이 지역에만 200개의 치킨집이 있다. 그러면 단순 계산으로는 한 점포당 한 달에 판매할 수 있는 치킨의 양은 약 100마리 정도가 된다. 새로 치킨 판매점을 시작하려고 할 때 위와 같은 사실이 변하지 않는다면 판매할 수 있는 양은 공급이 늘어나는 만큼 줄어들게 된다. 물론 모든 점포에서 같은 양을 공급한다는 가정이므로 실제와는 다를 수 있다. 왜냐하면 보통은 브랜드 경쟁력이나 맛의 차이 등으로 인해 장사가 잘 되는 곳과 잘 되지 않는 곳의 매출 차이가 현격할 것이기 때문이다. 하지만 그렇다고 해서 인구 통계적인 부분을 절대 가볍게 생각해서는 안 된다. 수요는 제한되어 있는데, 공급이 늘어나면 경쟁이 치열해지고, 경쟁이 치열해지면 결국 가격은 내려가기 때문이다. 이러한 법칙은 치킨뿐만 아니라 거의 모든 재화나 서비스에 적용된다. 물론 독점이나 과점의 경우는 가격을 스스로 조절할 수도 있을 것이다. 프랜차이즈 본사를 하려는 중요한 이유가 가맹점에게 상품을 독점적으로 공급하여 고정적인 유통 이익을 확보할 수 있기 때문이다. 하지만 가맹점 입장에서는 본사와는 별도로 실제 시장에 관한 분석을 직접 하는 것이 좋다. 가맹사업을 할 때엔 인구통계정보에 영업범위에 관한 사항까지 살펴보아야 한다. 특히 배달 사업의 경우 이러한 분쟁을 어떤 방법으로 해결하는지에 관한 조사도 필요하다.

많은 자본을 투자하고, 몇 개월 운영하다가 문을 닫는 매장을 보면 안타깝다. 분명 부동산 관련 비용, 인테리어 관련 비용, 가맹 비용 등을 모두 지불했을 텐데 그 손해를 감당하기 위해 얼마나 많은 고통이 따를까. 모든 사업이 그러하듯, 프랜차이즈 사업에서도 수요와 공급의 법칙을 잊지 말아야 한다. 올해에 배추 가격이 폭등했다고 내년에도 배추값이 비쌀 것이라고 판단하는 건 위험한 일이다. 농부들이 죄다 배추를 심으면 가격이 내려가 배추밭을 통째로 갈아엎는 사태가 벌어진다. 현재 시점에서 잘 되는 매장이 있다고 많은 사람들이 앞다투어 같은 매장을 열게 되면 공급이 많아진다. 시장의 크기가 정해져 있다면 치열한 경쟁을 해야 한다. 파이는 하나인데 나눠 먹어야 하는 사람은 늘어나니 한 사람당 먹을 수 있는 파이의 크기가 줄어드는 건 당연한 이치 아닌가. 이 당연한 이치를 잊지 말라. 고객 수는 고정되어 있는데 판매자의 수만 늘어나는 아이템인지 냉정하게 살펴보아야 한다.

프랜차이즈 비즈니스 마인드

서비스의 가치를 부여하라

상품 : 원가〈상품〈가치

직원 : 생계비〈급여〈가치

[가치에 관한 공식]

위의 공식은 매우 간단하지만 주목할 필요가 있다. 상품이나 서비스를 제공하는 데 있어 원가보다는 가격이 높아야 하며, 가격보다 가치가 높아야 판매를 할 수 있기 때문이다. 따라서 공급자는 상품이나 서비스의 가치를 극대화할 수 있도록 노력해야 한다.

상품이나 서비스뿐만 아니라 개인에게도 가치는 매우 중요하다. 종업원 입장에서 보면 생계비보다 급여가 적다면 그 일의 가치에 대해 회의를 느끼게 될지도 모른다. 그러다 보면 자연히 일을 계속하기 어려워질 것이다. 그러나 사업장을 운영하는 입장에서 보면 종업원의 가치(생산성)가 인건비보다 적으면 손해를 보는 것이다. 결국 노동자 입장에서 생계비보다 높은 급여를 받고자 한다면 자신의 가치를 높여나가야 하고, 이윤을 추구하는 기업 입장에서는 자본, 토지, 인적 자원을 투입해 가치를 창출해야 하는 것이다. 하지만 창출한 가치가 투입된 자원보다 적을 땐 기업의 존속이 어렵게 된다. 예를 들어 요식업의 경우, 상품 가격의 산정에서 원자재와 인건비, 기타 비용이 차지하는 비율이 반드시 상품의 가격보다 낮아야 하고, 그렇게 산정한 가격보다 높은 가치를 매길 수 있어야 하는 것이다. 아니면 최소한 가격과 동일한 가치를 제공해야 운영이 가능하다.

최근에는 상품이나 서비스 자체를 판매하는 것보다 스토리Story를 통하여 가치를 제공하는 방법이 각광받고 있다. 소비자에게 선택받기 위해 상품이나 서비스에 '특별한 이야기'를 담는 것이다. 예를 들면 축구를 좋아하는 사람에게 축구공을 팔면서 '박지성 선수가 어린 시절 갖고 놀던 축구공 모델의 신제품입니다'라는 식의 마케팅을 하는 것이다. 야구를 좋아하는 사람에게 야구글러브를 판매할 때, '박찬호 선수가 어린 시절 꿈을 키우며 연습할 때 애용하던 브랜드입니다'라는 이야기를 끼워 넣는 것이다. 고객이 지불하는 비용보다 높은 가치를 부여해 소비자의 만족도를 높이고 기업의 이미지까지 향상시키려는 노력의 일환이다.

프랜차이즈 사업뿐만 아니라 모든 사업 분야에서 서비스 마인드는 아무리 강조해도 지나치지 않다. 기업 입장에서 보면, 직원 한 사람 한 사람이 고객을 응대하는 태도가 곧바로 기업 이미지와 연결되기 때문이다. 흔히 한 명의 고객 뒤에는 100명의 잠재 고객이 있다고 가정한다. 그러니 고객 한 사람에게 부정적인 이미지가 심어지는 순간, 100명의 잠재된 안티anti를 한 번에 얻는다고 생각해도 과언이 아니다. 고객과 직접 대면하거나 통화하는 직원은 한 회사를 대표해서 의사소통을 한다고 생각해야 한다. 친절한 직원의 태도가 당장은 고객에게 기억되지 않을 수도 있지만 점차 좋은 회사라는 이미지로 자리 잡을 수 있을 것이다.

프랜차이즈 사업에서 매장 직원에 대한 교육을 강조하는 것도 같은 맥락이다. '친절은 기적을 낳는다'라는 표어를 걸어두고 장사를 하는 식육점이 있다면, 굳이 물어보지 않아도 사장의 마인드를 쉽게 짐작할 수 있다. 서비스 경쟁이 치열해지면서 거의 모든 사업 분야에서 서비스 마인드가 사업의 성패를 좌우하게 되었다고 해도 과언이 아니다.

고객을 응대하는 방법도 많이 바뀌었다. 언제부턴가 홈쇼핑이나 콜센터 상담원이 전화를 늦게 받을 때 하는 멘트가 예전의 '늦게 받아 죄송합니다.'에서 '기다려주셔서 감사합니다.'라고 바뀌었다는 걸 눈치챘는가. 이는 의사소통을 할 때 부정적인 의미를 포함하는 단어 대신 긍정적인 의미의 단어를 사용해 고객에게 긍정적인 기업이미지를 심어주려는 전략이다. 말하는 사람이나 듣는 사람 모두가 '죄송합니다'보다는 '감사합니다'에 호응하기 때문이다.

재미있는 사례가 있다. 햄버거를 판매하는 한 사업장에서 고객이 햄버거를 주문하면 종업원이 "감사합니다"라고 말한 뒤 3초 이내에 "콜라도 하시겠습니까?"라고 물었다 한다. 그러자 대부분의 고객이 콜라를 추가 구매했고 이로 인해 매장의 매출이 증가했다는 것이다.

그러나 3초를 넘겨 5초 후에 이야기하자 구매 권유가 먹히지 않았다. 단어의 선택이나 말하는 태도, 구매를 권유하는 타이밍 모두 중요하다는 사실을 알 수 있는 일화다.

기업에서는 매장을 운영하는 데 있어서도 사람의 심리나 태도를 관찰하고, 어떻게 해야 고객이 가장 편안함을 느끼는가를 고민한다. 이러한 과정을 거쳐 고객을 만족시킬 만한 방법을 찾아내 실행하고, 기록하고, 개선하는 작업을 반복한다. 사람을 연구하고 이를 시스템으로 개발하고, 응용하는 과정에서 과학적 관리에도 사람을 접목시키는 것이다. 나는 어떠한가, 나는 그러한 서비스마인드를 지닌 기업들과 경쟁할 수 있겠는가 곰곰 생각해보자.

제아무리 서비스마인드를 향상시킨다 해도 사업을 운영하다 보면 좋은 고객만 만날 수는 없다. 사업을 하는 동안 나쁜 고객을 한 번도 만나지 않았다는 것은 커다란 행운이다. 어떤 종류의 사업이든 좋은 고객과 나쁜 고객이 공존한다. 나쁜 고객이란 인격적으로 결함이 있거나 못된 사람을 말하는 것은 아니다. 사업을 하는 데 도움이 되지 않는 고객을 의미하는 것이다. 한식당을 운영하는 P씨. 밥을 먹고 간 손님 여섯 명 중 한 명이 다음 날 식중독에 걸렸다며 전화를 걸어왔다. 같이 먹은 다섯 명은 멀쩡한데 유독 그 한 사람만이 식중독에 걸렸다는 것이다. 자신의 식당에서 먹은 음식으로 식중독이 걸린 건지 식당에 오기 전에 먹은 음식으로 인한 것인지 P씨로서는 알 수가 없었지만 식당을 운영하는 입장인지라 이미지 관리를 위해서라도 치료비를 물어주었다.

가전제품 매장의 점장인 A씨도 클레임에 시달리긴 마찬가지다. 서비스센터 직원이 볼 때엔 분명 사용자 부주의로 인한 고장인데, 사용자는 그렇지 않다고 우기는 것이다. 손님의 목소리가 점점 커지고 매장 내의 다른 고객들이 웅성거리기 시작하면 A씨가 달려 나가 사태를 수습한다. 유상으로 수리를 해야 하지만 무상으로 해주기로 한다. 언성을 높인 소비자가 못이기는 척 매장을 돌아 나가면서 회심의 미소를 짓는 것을 본다.

경우는 조금 다르지만 인테리어 회사도 예외는 아니다. 매장 인테리어 작업을 하기 위해 인테리어 회사와 계약을 맺고, 작업을 진행하기로 한다. 인테리어 회사에서는 몇 개의 컨셉과 시안을 가지고 와서 어떤 것으로 할지 결정해달라고 한다. 매장 개점일까지 1개월밖에 남지 않아 작업 시간이 빠듯하다. 아무리 빨리 작업을 해도 3주 이상의 작업시간이 필요한데, 의뢰자는 컨셉과 시안에 대한 의사결정을 미룬다. 인테리어 회사는 계속해서 의사결정을 재촉하지만 쉽게 결정이 나지 않는다. 의사결정이 늦으면 공사 기간의 연장이 필요하다고 하지만, 개점일이 정해져 있는데 무슨 소리냐고 생떼를 쓴다. 개점일을 약 2주 정도 남기고서야 겨우 의사결정을 하고, 야근을 반복하여 가까스로 작업을 마친다. 그런데 의사결정 당시 수락한 시안이 마음에 들지 않는다며 의뢰인이 시비를 건다. 이런 저런 수정요구대로 고쳐주고 나니 인테리어 회사 입장에서는 남는 것도 없고, 직원들은 지쳐 쓰러질 것 같다.

위 사례 속에 나오는 고객들은 정말 고객일까? 자신의 책임을 인정하지 않고, 자신이 결정할 사항을 미루어 발생된 문제도 인정하지 않고 결국 회사에 손해를 끼치는 고객이 과연 고객이라고 할 수 있을까? 서비스 마인드를 설명할 때 자주 인용되는 유럽 모 백화점의 이야기가 있다. 백화점에서 구입한 타이어가 마음에 들지 않는다며 한 고객이 환불을 요청했다. 고객센터 직원은 아무 말없이 환불해주었다는 것이다. 그런데 사실 그 백화점에서는 타이어를 판매하지 않았다. 타이어 매장조차 없었던 것이다. 당장은 백화점 측의 어처구니없는 손해처럼 보였다. 하지만 이러한 소문이 구매자들의 입을 통해 퍼지자 백화점 이미지는 올라갔고, 결과적으로 백화점 매출은 수직상승했다. 위와 같은 사례를 모든 아이템에서 적용할 수는 없을 것이다.

사회가 점점 세분화되면서, 고객들이 원하는 것도 점점 다양해지고 있다. 이제는 소비자가 상품을 선택할 수도 있지만, 판매자도 소비자를 선택할 수 있는 시대가 된 것 같다. 기본적으로 좋은 태도와 긍정적인 서비스 마인드를 가지고 고객을 대해야 하지만, 그에 못지않게 사업에 부정적인 영향을 주는 고객을 선별할 수 있는 능력도 필요한 것 같다. 프랜차이즈 사업의 본질은 '사람'이다. 사람을 상대하는 일은 늘 어려운 일이다.

키워라, 마인드!

의사소통에서 인상이 차지하는 비중은 적지 않다. 지나 다니는 사람들의 얼굴을 보면 이 세상 모든 짐을 등에 진 듯한 인상도 있고,

싱글벙글 시원시원한 얼굴이 왠지 받은 것 없이 기분 좋게 만드는 인상도 있다. 사람을 상대하는 서비스업을 택하는 사람들은 사업을 시작하기 전, 인상에 관한 부분도 고려해야 한다. 고객들은 우리가 생각하는 것보다 인상에 민감하게 반응한다. 아무리 잘생긴 판매자라고 하더라도 얼굴을 찌푸리면서 고객을 대한다면, 고객은 그 매장에 발길을 끊을 것이다. 반대로 잘생기지 않은 얼굴이지만, 웃는 얼굴로 친절하게 고객을 대하는 직원을 만나면 기분 좋게 선뜻 구매를 결정하는 것이 인지상정이다.

서비스업이나 요식업 분야의 창업을 하려는데 산적두목 같은 본인의 인상이 걱정인가. 걱정하지 않아도 된다. 진정 사람을 나타내는 것은 외모도 인상도 아닌 '태도'이다. 사실 태도는 업무나 사업 능력과도 직결되는 문제이다. 사업마인드, 서비스마인드를 갖추지 않았는데 태도가 좋을 리 없다. 좋은 태도로 고객을 대하는 것, 즉 고객에게 집중한다면 고객의 마음은 움직이게 되어 있다. 하지만 능력은 학습을 통히어 향상될 수 있는 것에 비해서 태도를 바꾸는 일은 어려운 일이다. 예로부터 예절을 가르칠 때 의관부터 바르게 하라 하였다. 이는 불편한 옷을 입고 몸과 마음가짐을 항상 단정히 하라는 의미였다. 매장마다 통일된 유니폼을 입히는 것도 이런 맥락이라 할 수 있다. 상상해보라. 식당에 들어가니 목이 다 늘어난 꼬질꼬질한 티셔츠를 입은 종업원이 귀찮다는 듯 비칠비칠 걸어온다. 언제 감았는지도 모를 기름기 흐르는 머리를 득득 긁던 손으로 컵과 메뉴판을 툭 던져 놓고 간다. 주방에서 주인인 듯한 남자는 끊임없이 누군가를 향해 투덜거리고, 카운터에 앉아 있는 안주인인 듯한 여자는 껌을 질겅거리며 텔레비전 연속극 보느라 여념이 없다. 이런 식당에서 밥을 먹고 싶겠는가? 맛보지 않아도 음식 맛은 뻔할 것이다. 시간과 돈이 아깝다. 식욕마저 저 멀리 달아나고, '다시는 오나 봐라' 속이 부글거릴 것이다. 그뿐인가. "거기 절대 가지 마!" 주변 사람들에게도 소문을 낸다. 반면 좋은 음식점을 만나면 하루가 즐거울 수도 있다. 깔끔하게 정리된 음식점에 들어가니 단정하고 깨끗한 유니폼을 입은 종업원이 웃는 얼굴로 주문을 받기 위해 다가온다. 메뉴를 들여다보고 있으려니 부드러운 목소리로 식당에서 가장 인기 있는 음식을 추천까지 해준다면, 고객은 금세 기분이 좋아질 것이다. 게다가 맛있고, 가격까지 '착한' 밥을 먹고 나와서는 누가 시키지 않아도 '거기 참 괜찮더라.' 동네방네 소문까지 낼 것이다.

요식업뿐만 아니라 다른 업종도 마찬가지다. 최근 몇 년 사이 주유소들이 확 달라졌다. 친절 교육을 받은 직원들이 자동차 창문을 내린 운전자와 눈높이를 맞추어 고객의 이야기를 듣고, '차 안에 쓰레기가 있으면 정리를 도와드리겠습니다'라고 말한다. 사실 운전자 입장에서야 같은 값이면 휘발유 품질이 좋은들 알겠는가, 나쁜들 알겠는가. 운전자가 기억하는 건 '서비스 좋고 기름값 싼 주유소'일 뿐이다. 나라면 과연 어떤 주유소에 가고 싶은가?

좋은 서비스를 제공하는 경영자 입장에선 '친절'에 돈이 더 들어가는 것도 아니다. 서비스를 제공하면서 고객과 눈높이를 맞추고, 좋은 태도로 운영했을 뿐인데 결과는 판이하다. 좋은 태도가 곧 성과로 이어지는 것이다. 또 매출이 좋아지면 덩달아 직원들의 복리나 근무조건이 좋아질 수 있기 때문에 고용인도 피고용인도 서로 좋은 일이 되는 것이다.

한국인이 일본에서 택시 사업으로 성공한 이야기를 들어본 적 있는가? 일본 여행을 하면 한국가이드들이 빼놓지 않고 자랑하는 업체가 있다. 바로 MK택시다. 일본에서 단지 '운전수'로 비하되곤 하던 택시 기사의 이미지를 완전히 바꾼 사람은 놀랍게도 일본인이 아닌 한국인, 바로 재일교포 유봉식 회장이다. 그는 운전을 직업으로 삼은 사람으로서 '왜 항공기 조종사와 택시 운전사가 전혀 다른 이미지로 인식되는 것일까?' 의아했다. 운수업이라는 서로 비슷한 일을 하면서도 비행기를 조종하는 사람은 멋진 사람으로 인식이 되는 반면, 택시를 운전하는 사람은 그렇지 못한 이유에 대해 골몰했던 것이다. 유봉식 회장이 찾은 해답은 바로 '교육의 차이'였다. 항공기 조종사가 많은 시간 교육을 거쳐 기술과 태도를 익힌 후 현장에 투입되는 반면, 택시 운전기사는 그저 운전면허만 있으면 '아무나 할 수 있는' 직업이라는 인식이 만연했기 때문이다. '배우지 못해서 그렇다고? 그렇다면 가르치자!' 유봉식 회장은 택시회사를 창업하고 직원 교육에 열을 올렸다. 물론 처음에는 쉽지 않은 일이었다. 무엇보다 '친절 마인드'를 교육해 이를 운전기사들이 실천하도록 하는 것이 어려웠다. 하지만 꾸준히 긍지를 심어주고, 오랜 시간 교육을 실시한 결과 직원 한 사람 한 사람이 MK택시의 '친절아이콘'이 되어갔다. 결국 유봉식 회장의 '친절 교육'은 엄청난 성공을 이루는 원동력이 되었다. 이제 일본 내

많은 운수회사에서 MK택시의 친절 교육을 벤치마킹하고 있다. 일본인들은 MK택시를 믿고 선호한다. 이처럼 '친절'이 가져다 주는 부가적인 효과는 엄청난 것이다. 친절은 간혹 기적을 낳기도 한다.

친철이니 태도니 마인드니 모두 잘 알고 있지만 정작 변화하는 것이 어려운가? 자신을 변화시키기 위해서 가장 좋은 방법은 먼저 자신을 들여다보는 것이다. 최근엔 많은 운동선수들이 경기 전 명상을 한다고 한다. 명상은 곧 자기 자신을 들여다보는 것이다. 하물며 친구들과 탁구를 친다고 가정해도 마찬가지다. 내 자신은 프로선수 뺨치는 멋진 자세로 서브를 하고 있을 거라고 생각하지만, 자신의 우스꽝스러운 자세는 휴대폰으로 5분짜리 동영상만 촬영해봐도 알 수 있다. 내가 생각하는 나의 모습과 외부에서 지켜보는 나의 모습 사이에는 분명 차이가 있을 수 있다. 자신의 모습을 인식하지 않는 '변화'는 어불성설이다. 새로운 도전을 하려고 한다면 환경에 맞도록 자신을 변화시켜야 한다. 의식적으로 좋은 마인드와 태도를 지니려고 노력하고, 일부러 좋은 습관을 만들어야 한다. 좋은 습관은 당신에게 커다란 선물을 가져다 줄 수 있을 것이다.

경영인으로서의 마인드

경영자의 가치관에 따라서 회사를 운영하는 방법은 매우 다양하다. 논리를 중요시하는 사람, 감성을 중요시하는 사람, 태도를 중요시하는 사람, 능력을 중요시하는 사람, 의사소통을 중요시하는 사람 등 매우 다른 운영 방법이 나올 수 있다. 여기에 하나를 덧붙이고 싶다.

"상대를 편하게 해줄 수 있는 사람이 좋은 리더가 될 수 있다."

사람의 성향에 따라 엄격한 리더도 있을 수 있고, 부드러운 리더도 있을 수 있다. 자신의 아이템과 환경에 따라서 변화할 수도 있다. 어떤 방법이 좋거나 나쁘다고 말할 수 없지만, 상대방에게 편안함을 줄 수 있는 사람이 진정한 리더가 아닐까 생각한다. 직원이나 고객, 거래처 등 많은 사람을 만나는 프랜차이즈 사업에서 상대방을 편안하게 해주는 능력은 긍정적인 결과를 얻을 수 있는 중요한 장점이다. 상대에게 신뢰를 심어줄 수 있고, 다음에 만났을 때에도 편안함을 느낄 수 있는 사람이 보다 좋은 결과를 얻을 수 있다.

편안함을 주는 사람만이 좋은 리더는 아니다. 리더는 목표와 비전을 제시하고, 계획과 실행력을 갖추어야 한다. 혹시 영화 007을 좋아하는지? 제임스 본드는 아주 매력적인 캐릭터다. 그런데 가만 보면 제임스 본드가 갖춰야 할 능력과 사업자가 갖추어야 할 능력은 다르지 않다는 것을 느낄 수 있다. 치밀한 계획성과 과감한 실행력, 정보력, 새로운 테크놀로지에 대한 빠른 적응력, 전문성 등 스파이가 갖추어야 하는 조건은 매우 많겠지만, 그 중 가장 중요한 것은 매력적인 요소, 언어구사능력, 방향감각일 것이다. 그 중에서 매력적인 요소는 세 번째다. 적이라고 해도 매력이 있는 스파이는 잡더라도 바로 죽이지 않는다고 한다. 사업에서도 마찬가지다. 왠지 끌리는 사람이 있지 않은가? 많은 이미지컨설턴트들이 경영인과 정치인들에게 '매력을 키울 것'을 강조한다고 한다. 매력이란 '외모'만을 의미하지 않는다. 상대방이 느끼는 신뢰나 좋은 태도, 삶과 일에 대한 열정과 자신감 등 한 사람이 지닌 내면의 총체가 겉으로 드러나는 것이 매력이다. 사업을 하려는 사람도 제임스 본드처럼 매력을 지녀야 한다. 언어구사능력은 두 번째로 중요하다. 스파이는 대부분 다른 나라에서 활동하기 때문에 그 나라의 언어를 자유롭게 구사할 수 있어야 한다. 사업을 하려면 새로운 언어를 익히는 것에 두려움을 갖지 말아야 한다. 늘 배우고자 하는 마인드를 잃지 않는다면 두려울 것이 없을 것이다. 제임스 본드에게 가장 중요한 것은 '방향감각'이다. 어떠한 상황에서도 퇴로를 파악할 수 있는 능력이 본능적으로 작동해야 한다는 것이다. 어떤 장소에서도 그 지형이나 건물의 모양 등을 판단할 수 있는 능력이 필요한 것이다. 사업가에게도 방향감각, 즉 날카로운 관찰력과 직관, 그리고 정확한 판단력은 반드시 필요한 요소다. 제임스 본드의 세 가지 능력은 사업을 하는 경영자가 꼭 지녀야 할 능력이라고 생각한다. 배를 운항하는 항해사처럼 회사의 방향을 결정하는 경영자는 많은 경영지식 이외에도 직관이 필요하다. 기업에서 일어나는 많은 의사결정 중 경영자의 직관에 의한 결정도 중요한 몫을 차지한다. 프랜차이즈 사업에서도 마찬가지다. 경영지식과 시대의 흐름을 파악할 수 있는 능력에 직관까지 더해지면 매우 긍정적인 의사결정을 할 수 있을 것이다.

성공하는 마인드

피카소의 그림을 이해하는가? 그림에 대한 안목이 전혀 없는 사람이 피카소의 그림을 보고 감동받기란 어려운 일이다. 프랜차이즈 사업을 시작하는 것도 어쩌면 예술작품을 이해하는 것과 비슷한 일인지도 모른다. 자신이 가장 잘할 수 있는 분야 또는 자신이 가장 좋아하는 분야를 선택해서 하는 것이 바람직한 방법이다.

좋은 아이템이나 시스템을 만드는 것도 중요하지만, 무엇보다 중요한 것은 얼마나 가치 있는 일을 하느냐다. 경영자는 단순히 이윤을 추구하는 것보다 자신이 하는 일이 자신에게 얼마만큼의 행복을 가져다 주는지 먼저 생각하고, 하는 일이 과연 어떤 가치를 창출하는가를 고민해야 한다. 프랜차이즈 본사 경영자나 가맹점 경영자 모두에게 해당하는 말이다. 아이템에 따라서 예전에는 가치 있던 것이 현재 또는 미래에는 가치가 떨어질 수도 있다. 그러나 시간이 흘러 환경은 달라졌어도 인간의 본질은 크게 변하지 않았다. 결국 인간에게 가치 있는 일은 크게 변하지 않는다는 것이다. 가치 있는 삶을 살아가는 방법은 경영자가 가져야 할 기본적인 덕목이다. 자신이 하고 싶은 일을 해나가며 자신도 행복하고, 다른 사람에게도 감동을 줄 수 있다면 이보다 더 좋은 일이 어디 있겠는가.

가치 있는 일을 시스템이나 방법적인 면에서만 찾아서는 안 된다. POS 시스템, 물류 시스템, 홍보 시스템, 고객 관리 시스템 등 많은 시스템들이 개발되어 사용되고 있다. 이러한 시스템을 이용하는 것은 경영자에게 통계적 편리함을 가져다 줄 뿐이다. 대부분의 일은 사람이 하기 때문에 사람, 즉 종업원과 고객, 경영자 본인을 만족시키기 위한 연구와 노력이 필요한 것이다.

하루하루를 꾸려나가는 것도 힘든 사업장이 많다. 실패해도 다시 도전하고, 실패와 좌절을 거울 삼아 같은 실수를 반복하지 않은 사람들의 성공담을 읽어보는 것도 권하고 싶다. 그들의 실패를 반면교사 삼아 간접적으로 배우고 시행착오를 줄여야 할 것이다. 책을 쓰는 사람들 대부분 실패 경험 후 성공을 맛본 사람들이지만, 사실 실패하고 다시 일어서지 못하는 경우가 더 많다는 사실을 간과해서는 안 된다. 성공한 사람의 실패는 '미담美談'이지만, 실패한 사람의 이야기는 추억거리조차 되지 못한다.

마인드를 키우는 가장 좋은 방법

프랜차이즈 사업을 하는 데에도 독서는 반드시 필요하다. 사람에게는 시간이라는 제약이 있다. 누구에게나 공평하게 주어지지만, 마음에서 느끼는 시간의 차이는 상대적이다. 약속시간에 늦어서 서둘러 가야 할 때는 시간이 너무 빠르게 지나간다. 반대로 일찍 도착을 해서 상대방을 기다리는 시간은 매우 느리게 간다. 물리적인 시간은 같아도 어떻게 사용하는가에 따라서 많은 차이가 있다.

정해진 시간 속에서 한 사람이 경험할 수 있는 경험치에는 한계가 있다. 동물과 마찬가지로 사람도 자신이 직접 경험한 사실을 가장 중요하고 신뢰 있는 정보로 받아들인다. 경험은 가장 좋은 교육인 반면 많은 시행착오를 감당해야 하는 위험이 있다. 제한된 시간에 할 수 있는 경험에만 의존해서 성장한다면, 많은 세월이 지나서야 성숙할 수 있게 될 것이다.

사람이 동물과 다른 점은 매우 수준 높은 의사소통과 독서를 할 수 있다는 것이다. 현명한 사람들로부터 이야기를 듣고 자신의 것으로 만들 수 있는 능력이 있다면 간접경험을 통해서 마인드를 성장시킬 수 있다. '멘토링'이 이러한 방법 중 하나다. 물론 이때 얻은 정보의 신뢰도는 본인이 직접 경험한 것에 미치지 못할 것이다. 또 현명한 사람을 찾아 그 사람이 나를 위해서 시간을 내어주고, 본인의 경험을 이야기해주어야 가능한 일이다. 무엇보다 멘토의 시간과 마음을 얻는 일이 먼저 필요하다.

마인드를 키우는 또 하나의 가장 좋은 방법은 바로 독서다. 책에는 저자의 많은 경험과 노하우가 녹아 있다. 이때 버려야 할 태도는 자신의 배경지식만으로 책을 평가하는 일이다. 이런 사람들은 책을 읽었다고 해도 마인드의 성장을 기대할 수는 없다. 열린 마음으로 작가가 말하고자 하는 바를 받아들이는 자세가 필요하다. 만약 책이 와 닿지 않는다면 바로 그 책을 덮고 다른 책을 읽을 것을 권한다. 모든 작가들이 누구나 이해하기 쉽도록 책을 쓰지는 않는다. 책은 인간관계를 맺어야 하는 시간이 필요하지도 않고 작가의 마음을 얻을 필요도 없다. 다만 책을 읽고 사색하는 시간만이 필요할 뿐이다. 다양한 분야의 책을 읽고 머리로만 판단하지 않고, 가슴으로 받아들인다면 분명 마인드의 크기는 늘어날 것이다.

좋은 책을 읽는 것은 지난 몇 세기에 걸쳐 가장 훌륭한 사람들과 대화하는 것과 같다.
    - 르네 데카르트

책을 여러 권을 읽는 것은 단지 권수를 늘려나가는 것과는 다르다. 햄버거를 100개를 먹었다고 100개 모두 맛있을 수는 없다. 한 번에 많은 햄버거를 먹을 수도 없다. 배가 고플 때 먹는 음식이 가장 맛이 있듯, 자신이 갈급하고 궁금한 내용이 있을 때 읽는 책이 가장 인상에 남는다. 또 달랑 책 한 권 읽고 그 내용만을 맹신하는 것은 금물이다. 자신을 우물 안 개구리로 만드는 일이다. 특하나 창업을 앞두고 있다면 지금 읽는 한 권의 책이 인생을 바꿀 의사결정에 큰 영향을 줄 수도 있기 때문에 더욱더 넓은 시야를 지니려 노력해야 한다.

사람들은 능력을 성장시키는 일에는 많은 노력을 기울이지만, 마인드를 키우는 일에는 소홀한 경향을 보인다. 능력을 키우는 일도 매우 중요하지만, 생각의 크기를 키우는 것은 더욱 중요하다. 광고 문구에서도 말하지 않는가. "생각이 에너지다!"

성공의 3요소

첫째, 긍정적인 사고
둘째, 뚜렷한 목표의식
셋째, 실행력

많은 사람들이 위 세 가지 중 한 가지도 행하지 않으면서 성공을 바란다. 위 세 가지 요소 중 가장 어려운 것은 긍정적인 사고이고,

두 번째로 어려운 것은 뚜렷한 목표의식을 갖는 것이며, 가장 쉬운 것은 실행이다. 실행이 가장 어렵고, 긍정적인 사고가 가장 쉽지 않느냐고 생각할지도 모르겠다. 정말 모든 것을 포기하고 주저앉고 싶을 때, 다시 일어서는 일이 얼마나 어려운지 경험해본 사람은 성공의 요소 중 '긍정적 사고'가 가장 어렵고 중요하다는 사실을 말 안 해도 안다. 살아가면서 수많은 부정적인 생각과 유혹을 견디며 긍정적인 사고를 유지하는 사람은 그만큼 성공에 가까운 사람이다.

두 번째로 언급한 뚜렷한 목표의식은 어쩌면 쉽게 생각할 수도 있다. 많은 사람들이 목표를 세우지만, 목표를 달성하는 사람은 목표를 세우는 사람에 비해서 많지 않을 것이다. '폭풍 다이어트 15kg 감량하기' '종자돈 천만 원 모으기' '금연' '새벽형 인간되기' 등 수없이 많은 목표를 세우지만 이러한 막연한 목표 역시 달성하는 것이 쉽지 않다. 성공이란 단어에 한 걸음 더 다가가려면 목표를 구체화시키는 것이 좋다. '올해 안에 천만 원을 저축하기' '앞으로 1년 안에 책 50권 읽기' '고객에게 감사 인사 한 번 더 하기' 등 목표를 구체적으로 정하고, 정한 목표를 기필고 달성하는 연습이 필요하다. 뚜렷한 목표를 세우는 일이 쉽지 않아서 그런지 목표를 시각화하는 방법에 대해서도 많은 책들이 나와 있다. 마지막으로 실행력이란 말 그대로 실행하면 되는 것이다. 돈을 모으기로 했으면, 목표한 금액을 철저히 감안해 소비해야 하고, 고객에게 인사를 하기로 정했으면 인사를 하면 된다. 성공에 다가서려면 이 세 가지를 꼭 기억하길 바란다. 목표달성을 습관으로 만들 수 있다면, 실행은 보너스처럼 따라다닐 것이다.

시스템 운영은 심플Simple, 명료明瞭하게!

내가 가장 좋아하는 영단어는 '심플Simple'이다. 우리나라에서 심플Simple이라는 말은 보통 단순하다는 의미로 많이 사용하고 있다. 사전적 의미로 쉬운, 단순한, 소박한 등 많은 뜻을 내포하지만 필자는 '명료하다'는 의미에 방점을 찍고 싶다.

일하는 태도에 대해 하고 싶은 말은 '멀리 보고, 넓게 생각하고, 깊게 일하라'는 것이다. 어떤 일을 하든지 눈앞의 것만 보면서 좁게 생각하고 얕게 일하면 반드시 문제가 발생한다. 생물에게 생명이 있듯이 모든 일에는 나름의 생명이 있다. 특히 시스템이나 흐름을 만드는 사람은 더 많은 고민을 해야 한다. 하물며 화초를 기르는 데도 시스템이 존재한다. 식물이 자라기 위해서는 해당 식물이 자랄 수 있는 환경이 제공되어야 한다. 수생식물은 물속에서 자라고, 음지식물은 햇빛을 보면 잎이 타버린다. 산 속 바위틈에서 자라나는 나무나 도시의 보도블록 틈에서 자라나는 잡초의 엄청난 생명력을 보며 경이로워질 때도 있다.

필자의 책상 앞에는 받은 지 6년이 된 행운목 화분이 하나 있다. 처음 받았을 때 곧은 2개의 줄기 위쪽에 잎이 자라고 있었다. 언제부터인지 잎이 힘을 잃어가더니 초록색을 잃고 점점 노랗게 변해갔다. 잎줄기를 만져보아도 힘이 없었다. 결국 줄기 하나에 있는 잎을 몽땅 떼어내야 했다. 얼마 지나지 않아 나머지 줄기에서도 같은 현상이 일어났다. 행운목의 수명이 다했구나 생각하였는데, 화분 아래쪽에서 다시 잎이 피어나고 있지 않은가? 놀라움을 감출 수 없었다. 식물은 도태되는 잎에는 더 이상 양분을 공급하지 않는다. 다시금 새로운 싹을 피우기 위해 집중을 한 것이다. 방울토마토를 기르면서도 비슷한 경험을 한 적이 있다. 어렵게 열매를 맺은 방울토마토는 열매가 익을 때까지는 열매에게 양분을 공급해주기 위해 줄기까지도 탱탱한 모습을 보였다. 하지만 열매가 익을 무렵이 되자 더 이상 양분을 공급하지 않고 시들해졌다. 대신 다른 쪽 줄기와 잎은 생명을 계속 유지하고 있었다. 이런 식물의 생장 시스템을 관찰하다 보면 식물은 어쩌면 동물보다 훨씬 진화한 생물인지도 모른다는 생각마저 든다.

시스템이나 업무 흐름도 식물의 생장을 본받아야 한다. 환경은 끊임없이 변하기 때문에 일을 처리하는 방식도 환경에 맞게 변해야 한다. 따라서 환경을 직시할 수 있는 넓은 시야를 가져야 하는 것이다. 그리고 그러한 상황이 얼마나 오래 지속될지 예측할 수 있는 안목도 갖추어야 한다. 다음에는 깊게 파고들어 최대한 잘 활용될 수 있도록 단순화·명료화하는 작업이 필요하다. 식물이 도태되는 줄기에 영양분 공급을 차단하고 새로운 싹에 집중할 수 있도록 빠르게 생장 리듬을 전환하는 것처럼 시스템이나 업무흐름은 환경 변화에 민첩하게 대응할 수 있도록 설계되어야 한다. 짧은 경험으로 비추어볼 때 단순하고 명료한 시스템이나 업무흐름이 사업장의 생산성을 높일 수 있고, 환경변화에도 민첩하게 반응할 수 있다. 많은 부분을 관여해야 하는 복잡한 시스템은 환경변화에 그만큼 느리게 반응할 수밖에 없다. 따라서 깊이 일하라는 것은 최대한 복잡함을 없애고 단순하게 만들며 그 목적이나 기능에는 영향을 주지 않을 만큼 명료해야 한다는 의미다.

심플Simple하게 만든다는 것은 다시 말하면 불필요한 사항을 없애는 것이다. 시스템에 관한 심도 있는 연구를 통해 만든 설계도를 계속 검토하면서 끊임없이 질문해야 한다. '이것은 꼭 필요한 것인가? 단지 있으면 좋은 것인가?' '사람이 판단해야 하는 일을 시스템에 맡기지는 않았는가?' '작은 편의를 위해 시스템이 복잡해지지는 않았는가?' 등 많은 질문을 통해서 명료화해야 하는 것이다. 필자의 경험에 의하면 심플한 시스템만이 가장 안정적이고 오래도록 사용이 가능하며 변화에 유연하게 적응할 수 있었다. 복잡한 시스템은 변화의 필요성을 느끼게 되었을 때 새로운 시스템을 만들어야 했다.

프랜차이즈 시스템에서는 더욱 '심플Simple'이라는 단어를 깊이 생각해봐야 한다. 생각은 복잡하고 깊이 있게 하더라도, 행동만큼은 명료하게 할 수 있는 시스템을 설계해야 한다. 어렵고 복잡한 행동을 요구한다면 경영은 결코 원만하게 실행될 수 없다. 복잡한 행동을 요구하려면 철저한 교육이 필요하다. 철저한 교육을 하려면 훌륭한 강사가 필요하고 많은 시간도 필요하다. 즉 시간과 비용이 매우 증가하는 것이다. 시스템의 설계자는 많은 교육을 받고, 시간을 많이 소요해도 좋다. 그렇게 해서 심플한 시스템을 만들어 내면 그 시스템은 유용하게 쓰일 가능성이 높아지는 것이다.

복잡하고 어려운 것보다 단순하고 쉬운 것이 좋다. 고도의 기술성장 추세 속에서 반反추세적인 행동처럼 보일지 모르지만 일반적으로 심플Simple한 것이 가장 유용하게 쓰일 수 있다.

마케팅 전략

마케팅이 성패를 좌우한다

마케팅은 어떤 재화나 서비스가 생산되기 전부터 판매 후까지의 모든 과정에 관한 경영활동이다. 어떤 제품을, 누구에게, 언제, 얼마나 판매할 것인지 가늠한다. 어떤 생산과정을 통해, 얼마나 생산하고, 어떠한 유통과정을 통해, 얼마에 소비자에게 공급하며, 수명이 다한 제품은 어떻게 처리할 것인지 등 거의 모든 경영활동에 마케팅이 관계가 있다고 생각하면 된다. 사업을 시작하는 사람이라면 반드시 알아야 할 사항이기도 하다. (마케팅에 관한 책들은 많이 나와 있지만 필립 코틀러의 『미래형 마케팅』(세종연구원, 1999년)이나 알 리스, 잭 트라우트의 『마케팅 불변의 법칙』(비즈니스맵, 2008년)을 권한다. 두 책은 마케팅을 이해하는 데에 많은 도움이 될 것이다.)

마케팅을 이야기하기 전에 '시장은 어디에 있을까?'라는 질문을 한 번 해보아야 한다. 자신이 판매할 제품이나 서비스의 시작은 어디일까? 재래시장, 대형마트, 소형마트, 인터넷 쇼핑몰, 상업지구 건물 등 시장이란 곳을 단순히 장소에만 국한시키지 말고 조금 더 생각해보면, 시장은 어떤 특정한 장소가 아닌 '고객의 생각' 속에 있다는 사

실을 알 수 있다. (잭 트라우트와 알 리스의 또 다른 저서인 『포지셔닝
Positioning』(을유문화사, 2002년)에서도 이와 같은 이야기를 매우 자세하
게 다루고 있다.) 따라서 고객의 생각을 변화시키기 위한 기업들의 노
력이 점점 강화되고 있는 것이다. 많은 사람들이 스마트폰이라는 단
어를 연상하면 떠오르는 제품이 있다면? 또는 사이다 하면 떠오르
는 제품이 있다면? 그 회사의 매출은 당연히 올라갈 것이다. 이렇게
사람들의 생각 속에 자리 잡기 위해서 브랜드가 도입되었고, 많은 기
업에서 브랜드 이미지를 강화시키기 위해서 다양한 노력을 기울인다.
결국 마케팅을 알려고 하면 브랜드에 관한 지식도 함께 습득해야
하는 것이다. 최근에는 마케팅과 브랜드를 따로 분리해서 생각할 수
가 없다.

　제품이나 서비스의 전 과정을 관여하는 것이 마케팅이라면 긍정적
인 효과를 내기 위해서는 좋은 브랜드 이미지를 함께 가져가야 한
다. 예를 들면 자동차와 같이 여러 회사에서 다양한 종류의 제품이
생산된다면, 소비자들은 그 중 자신에게 가장 가치 있는 자동차를
선택해야 하는 것이다. 어떤 소비자는 안전성을 가장 중요하게 생각
해서 최대한 안전한 자동차를 선택하려 할 것이고, 구매 자금이 별
로 없고 알뜰한 운행을 원하는 소비자는 연비 높고 세금혜택을 받
을 수 있는 자동차를 선택할 것이다. 시각적인 것 즉 '비주얼'을 중요
시하는 고객이 있다면 그는 색감이나 디자인이 뛰어난 자동차를 선
택하게 될 것이다. 이러한 소비자의 성향을 분석하여 자동차의 안전
성이 뛰어나다는 것을 강조한다든가, 연비효율성을 내세우는 경우

등은 모두 고객의 마음을 사로잡으려는 기업의 마케팅 전략이다. 중요한 사실 하나는 고객의 생각은 언제든지 변할 수 있다는 것이다. 결국 '고객의 생각'에 의해서 기업의 성패가 결정된다고 해도 과언은 아니다.

어떤 사업을 하더라도 마케팅에 성공해야 사업의 성공 가능성이 높아진다. 프랜차이즈 사업이라고 해서 예외가 될 수는 없다. 마케팅에 관한 고민은 사업을 시작하기 전부터 마무리할 때까지 계속되어야 한다. 자신이 기획한 마케팅 계획이 시장에서 반드시 성공할 것이라는 생각은 하지 말도록! 마케팅은 살아 있는 생명체처럼 환경에 유연하게 반응하며 변할 수 있다는 생각으로 시작하는 것이 좋다. 만약 의류를 생산하는 사람이 제조원가가 10,000원이 들고, 각종 비용이 5,000원이 소요되어 의류 가격을 20,000원으로 책정하였다고 가정하자. 총 생산량을 10,000벌로 책정하여 판매를 한다면 총 판매 가격이 2억 원이 되는 것이다. 모두 판매를 했을 때에는 5천만 원의 이익이 발생하는 것이다. 이것을 간단한 표로 정리해보면 아래와 같다.

제조원가 (재료비, 인건비 등)	100,000,000원
각종비용 (임차료, 공과금, 세금 등)	50,000,000원
이익	50,000,000원
판매금액	200,000,000원

위의 사례처럼 목표한 의류를 모두 판매해 총 5천만 원의 이익이 발생한다고 했을 때 과연 모두 판매할 수 있을 것인지도 생각해봐

야 한다. 미리 구매자를 확보한 후 제작하는 제품이 아니라면 팔리지 않을 제품에 대해서도 미리 고려해야 하는 것이다. 몇 벌이 남을지는 미지수다. 이럴 경우 판매 추이를 관찰한 후 가격 정책을 변동할 수 있다. 초반에는 판매가 잘 되어 정상가격인 20,000원에 7,000벌을 판매했다고 가정하자. 그러면 판매 총액은 1억4천만 원이 되는 것이다. 총원가가 1억5천만 원이기 때문에 아직은 손해를 보고 있다. 그런데 판매 속도가 현저하게 줄어들고 있다. 이럴 경우 마케팅 담당자가 취할 수 있는 전략은 세일을 감행하는 것이다. 30%의 세일을 통해서 2,000벌을 소화한다. 그러면 2천8백만 원이 들어온다. 즉 이때에는 천팔백만 원의 이익이 발생한 것이다. 그리고 나머지 1,000벌은 시간이 지나서 50% 마감세일을 하여 10,000,000원에 모두 판매를 했다면 총 2천8백만 원의 이익이 발생한 것이다. 이렇듯 시장의 환경에 따라 이익을 줄이고 전량 판매를 하는 전략을 택할 수도 있는 것이다.

제조원가 (재료비, 인건비 등)	100,000,000원	
각종비용 (임차료, 공과금, 세금 등)	50,000,000원	
1차 판매 금액	140,000,000원	10,000,000원 손해
2차 판매 금액 (30% 세일)	28,000,000원	18,000,000원 이익
3차 판매 금액 (50% 세일)	10,000,000원	28,000,000원 이익

만일 7,000벌 정도가 판매될 시점의 가격을 줄이지 않고, 처음에 책정한 금액을 고집한다면 더 이상 판매가 되지 않을 경우 손해를 입을 수도 있다. 하지만 세일을 통하여 이익을 발생시켰다면 성공적인

마케팅을 한 것이다. 나중에는 원가 이하에 판매를 하는 것은 아깝다고 생각할 수 있지만, 재고로 남겨 창고에 보관하는 비용까지 생각한다면 조금이라도 이익을 남기고 판매하는 전략이 옳을 수도 있다. 순간적인 의사결정을 하는 것이 쉽지는 않지만, 타이밍을 놓치면 손해를 보는 경우가 발생할 수 있는 것이다.

	시장 여건에 대한 가정	기업의 주과제	적합한 상황
생산 중심적	고객의 주관심사는 가격과 구매 용이도에 있다.	생산과 판매에 있어서 능률을 극대화해서 가격을 낮추어야 한다.	수요가 공급을 초과하는 경우 고가격으로 인해 수요가 부족한 경우 (ex.도입기제품)
판매 중심적	강력한 판촉을 하지 않으면 충분한 수요가 없다.	강력한 판촉을 통해 고객의 구매를 유도해야 한다.	상품 자체로는 수요창조의 어려움이 있는 경우 (ex.보험, 백과사전)
마케팅 중심적	고객은 각기 욕구가 다르므로 서로 다른 욕구를 찾아서 만족을 주어야 한다.	시장조사를 통해서 시장을 세분화하고, 목표시장을 선정해서 그에 맞는 프로그램을 개발한다.	공급이 수요를 초과하는 경우 경쟁이 치열한 경우 소득수준이 좋고 시장규모가 큰 경우

[자료제공: TIFS 윤태식 소장]

경영에서 이야기하는 마케팅은 어떤 방법으로 진행이 되는지 알아보도록 하자. 마케팅 계획을 수립하기 위해서 몇 가지 과정을 거치게 된다. 자신의 위치를 정확히 파악하고, 고객과 목표시장을 확인하여, 어떻게 고객의 생각 속에 자리 잡을 수 있는지를 고민하는 과정이라고 생각하면 된다.

1단계

환경변화의 파악 및 환경영향의 평가	1. 환경변화의 파악: 거시환경 및 과업환경 등 외부환경의 변화 파악
	2. 환경변화의 영향에 대한 평가: 고객욕구와 마케팅 전략에 미치는 영향의 평가
	3. 유리한 환경변화의 조성: 환경 요소들 자체에 대한 목표지향적 관리 (주도적환경관리: proactive environmental management)

2단계

표적(목표)시장의 확인 (Targeting)	1. 시장 세분화 (고객욕구 세분화)
	2. 세분시장분석
	3. 표적시장의 선택 (표적시장전략): 비차별화, 집중화, 차별화 전략

3단계

표적시장별 마케팅 목표의 설정 (Positioning)	1. 개념전달활동 목표: 제품개념과 포지션을 정확하고 신속하게 전달하기 위한 활동 목표
	2. 운영활동 목표: 실제 거래상의 거래장애를 제거하기 위한 활동 목표
	3. 예상재무목표 및 타부서지원사항: 개념전달과 운영목표의 달성을 통하여 기대되는 이익이나 매출액의 재무적 목표

4단계

마케팅믹스의 설계	1. 마케팅 목표와의 일관성
	2. 마케팅믹스 요소 (제품기획, 촉진, 유통, 가격)간의 상호 보완성
	3. 최적 마케팅 4P믹스의 구성: 고객의 가치와 기업이익의 극대화를 위한 최적 마케팅믹스의 구성

5단계

마케팅 전략의 실행과 조정 및 통제	1. 전략의 실행 및 조직: 마케팅 전략의 실행과 그를 위한 조직의 구성 혹은 외부 관련기관의 선택
	2. 조정 및 통제: 실행된 마케팅활동의 목표달성 정도의 파악과 그에 대한 문제점의 확인, 그리고 그에 따른 마케팅 전략의 수정 및 조정

[자료제공: TIFS 윤태식 소장]

마케팅은 계획 단계부터 이렇게 많은 사항들을 준비해야 한다. '사람의 마음을 얻기가 그리 쉬운 일인가?'라는 단순한 질문만 해봐도 위와 같은 준비는 기본적으로 수행해야 할 사항들이라는 생각이 들 것이다. 그렇다면 위와 같은 단계에서는 어떤 방법을 이용해서 계획을 수립하는가를 알아보자. 마케팅 계획을 수립하는 과정 첫 단계에서는 환경분석을 한다. 3C라고 하는 분석인데, 자사(Company), 고객(Customer), 경쟁(Competition) 분석을 하는 것이다. 먼저 자신

의 위치, 즉 자사의 강점과 약점을 분석하는 내부 환경분석과 주
요 성공 및 위협 요인을 발견하는 외부 환경분석으로 나눌 수 있
다. 가장 많이 활용되는 분석방법은 SWOT분석이다. SWOT이란 강
점(Strength), 약점(Weakness), 기회(Opportunity), 위험(Threat)의 약자
를 말한다.

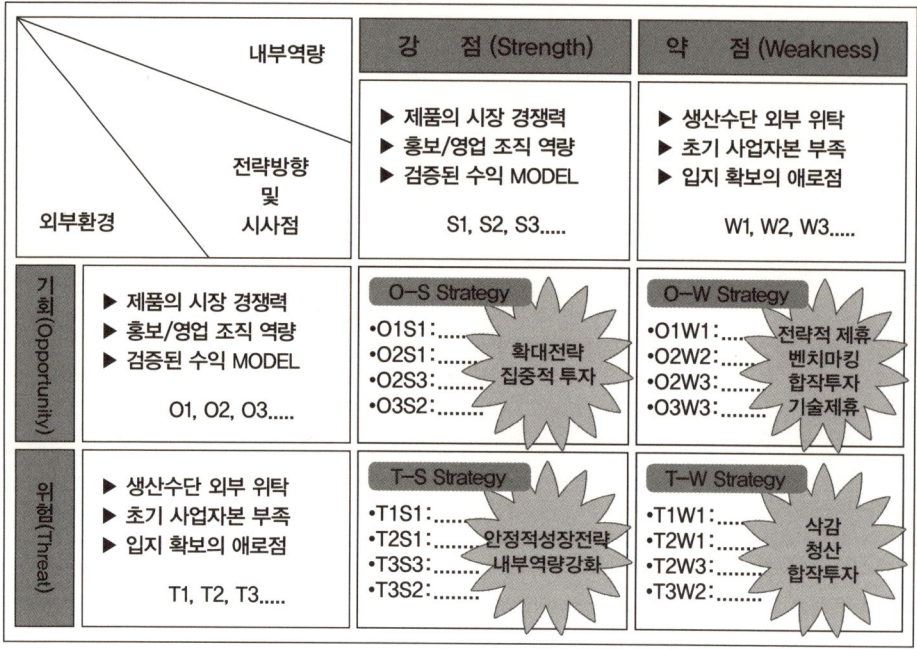

[자료제공: TIFS 윤태식 소장]

SWOT 분석은 자신을 알고, 시장을 알기 위한 좋은 도구다. 이
방법 이외에 환경을 분석하는 도구를 한 가지 더 소개하려고 한다.
Porter의 5가지 Forces이다. 내부와 외부에 관한 정확한 분석은 마
케팅을 진행하는 매우 중요한 요소다.

Internal Rivalry(경쟁요소)

시장 내에서 회사가 차지하는 부분(share)를 분석. 전체적인 시장의 파악이 선행되어야 함.

Entry(진입장벽)

기술력, 경쟁적 우위, 전략적 아이템 등 다 경쟁자가 시장에 들어올 수 있는 난이도

Substitutes & Complements(대체재와 보완재)

수요에 중요한 영향을 미치는 요소. 대체재는 회사의 이익에 부정적으로, 보완재는 시장에 긍정적으로 작용

Supplier Power(공급자 영향력)

시장 내 주요 공급자의 영향력. 공급자의 경쟁 과열, 공급 독점권 등

Buyer Power(소비자 영향력)

소비자 개인이 구매가를 협상하는 능력. 경쟁요소와 밀접한 관계

[자료제공: TIFS 윤태식 소장]

사실 경영에는 회계분야를 제외한 거의 모든 부분에 정답이란 없다. 그래서 끊임없는 변화와 혁신을 강조하는지도 모른다. 예를 들면 나이옥신 파동이 나면 삼겹살을 주로 판매하는 음식점은 큰 타격을 입는다. 구제역이 발생하면 소고기를 주로 판매하는 곳에서, 조류독감이 유행하면 닭고기를 주로 판매하는 곳에서 공급에 차질이 생기게 된다. 이러한 사항을 예측한다는 것은 거의 불가능한 일이다. 천재지변도 무시할 수가 없다. 전국적으로 폭우가 쏟아져 채소 가격이 폭등하면 음식점을 경영하는 사람들이 매우 곤란한 지경에 처하기도 한다. 예전에 광우병이 이슈화하면서 소고기를 취급하는 음식

점들이 큰 타격을 입었다. 손님이 많아 발 디딜 틈 없던 유명 소머리 국밥집도 2개월을 채 버티지 못하고 문을 닫는 걸 보았다. 프랜차이즈 본사의 경우에는 이러한 공급량 조절을 위한 방안 마련에 항상 신경을 써야 하는 것이다.

예측할 수 없는 부분을 제외한 나머지 부분은 최대한 정보를 수집하고 분석하여 위험에 대비해야 한다. 먼저 자신의 경쟁요소가 무엇인지 판단하고, 남들이 쉽게 따라할 수 없는 강점은 어떻게 형성할 것인지에 관한 고민을 해야 한다. 경쟁요소라는 것은 자신의 아이템에 따라 다르다. 음식점의 경우 뛰어난 맛이 될 수도 있고, 깨끗한 환경과 분위기가 될 수도 있다. 친절한 서비스 정신 또한 경쟁요소가 될 수 있다. 이러한 경쟁요소는 엄밀히 말하면 고객이 정해주는 것이다. 사업자 입장에서 아무리 강조한다고 해서 경쟁요소가 되는 것은 아니다. 자신은 맛있다고 하는 음식이지만, 고객이 맛이 없다고 평가를 한다면 그 음식점은 뛰어난 맛이 경쟁요소라고 말할 수 없는 것이다. 맛, 분위기, 서비스에 자신이 없다면 가격을 낮추어 경쟁요소를 만들 수도 있다. 가격을 낮출 경우 이윤이 남지 않는다면 이러한 경쟁요소는 의미가 없다고 할 수 있다. 자신의 경쟁요소가 어떤 것이냐에 따라서 전략이 바뀌는 것이다.

1단계 환경분석이 끝났으면 다음에는 누구에게 판매를 할지에 관한 사항인 2단계 타겟팅Targeting 작업이 이루어진다. 즉 자신의 아이템을 판매할 대상은 누구인가? 다시 말해 고객이 누구인가에 관한 사항이다. 아이템에 따라서 모든 사람이 될 수도 있고, 특정 분야

의 사람이 될 수도 있다. 시장을 세분화하기 위한 요소로는 어떤 사
항들이 있는지 알아보자.

구분	요소	세부 요소
물리적 기준	인구통계변수	나이, 성별, 가족수명주기, 소득, 직업, 교육, 사는 지역, 인종, 종교 등
	기업규모	매출액, 종업원 수 등
일반행동 기준	혁신성	혁신층, 조기 수용층, 조기 다수층, 후기 다수층, 지연층
	라이프 스타일	실현자, 분투자, 성취 추구자, 경험자, 신뢰자, 자급자
	사회계층	
	구매목적	
	구매상황	신규구매, 단순구매, 수정재구매
제품관련 행동기준	사용율	많이 사용, 적게 사용, 사용하지 않음
	충성도	상표애호자, 다양성 추구자, 마케팅 활동에 의한 상표전환자
	구매성향	제품인지, 제품 구입 시도, 제품 구입 빈도

[자료제공: TIFS 윤태식 소장]

산업사회의 발달로 인하여 많은 제품과 서비스들이 개발되어 시장
에서 판매되고 있다. 인터넷의 발전으로 인하여 정보는 점점 더 많아
지고 있는 상황이다. 소비자의 성향도 점점 다양해져 모든 사람을
대상으로 판매하는 제품이나 서비스는 점점 줄어들고, 점점 세분화
된 시장이 늘어나고 있다. 또 이렇게 세분화된 시장에 판매하려는 아
이템들도 함께 늘어나고 있다. 시장 세분화 요소를 검토한 후에는
아래와 같은 그래프를 통하여 대상 고객의 범위를 설정하는 것이 좋
다. 분석한 경쟁사의 대상 고객이 아래와 같이 분포되어 있다면, 모
던 스타일에 가격을 낮출 수 있는 제품을 개발하거나, 저가의 제품

을 개발하는 전략을 택할 수 있는 것이다. 물론 시장환경은 아래와 같이 간단하게 나오지 않을 것이다. 자신이 도전하는 아이템에 맞는 조사를 충분히 하는 것이 중요하다.

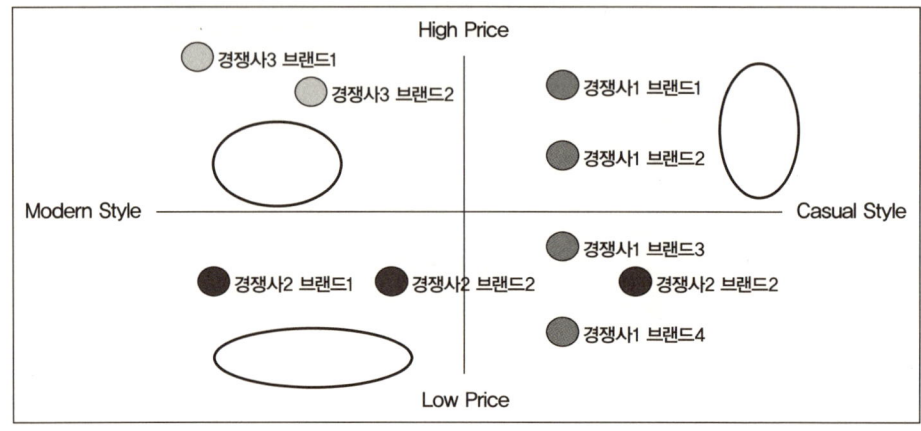

[자료제공: TIFS 윤태식 소장]

3번째 단계에서는 고객의 생각 속에 어떻게 자리를 잡아야 하는지에 관한 사항인 포지셔닝Positioning 단계이다. 누구에게나 좋은 제품이나 서비스가 되면 좋겠지만, 다양한 생각을 가지고 살아가는 사람 모두를 만족시키는 것은 불가능하다. 그래서 자신의 아이템을 가지고 어떠한 컨셉Concept으로 시장에 나아가야 할지 충분한 고민을 해야 한다. 정해진 컨셉Concept에 따라서 가상으로 시나리오를 작성하고, 실제 시장에서의 반응을 추측해보는 것도 좋다. 컨셉Concept에 따라서 전략과 전술이 바뀌겠지만, 어떻게 하면 고객의 생각 속에 자리 잡을 수 있을까 하는 고민을 늦춰서는 안 된다. (자세한 내용은 앞서 권한 알 리스와 잭 트라우트의 『포지셔닝Positioning』을 읽어보길 바란다.)

4번째 단계인 마케팅 믹스Marketing Mix는 4P라고 하는 제품 (Product), 가격(Price), 유통(Place), 판촉(Promotion)으로 요약할 수 있다. 마케팅의 목표 즉, 고객의 생각 속에 자리를 잡기 위한 목표를 세우고, 얼마에, 어떠한 경로로, 어떤 홍보활동으로 인식시켜야 할지에 관한 사항을 고민하는 단계이다. 자신의 아이템이 매우 고가의 제품에 수량이 한정되어 있다면 매장 수를 적게 하면서 수준 높은 서비스를 제공하는 전략을 택하고, 본사가 직접 운영하는 매장 이외에서는 절대 유통을 하지 않으며, 가격은 고가로 유지하는 전략을 세울 수가 있는 것이다. 다른 예로 자신의 아이템이 저가의 제품이고 초등학생을 대상으로 하는 제품이라면 낮은 가격을 선택하고, 초등학생의 접근성을 고려하여 학교 주변의 문구점을 통하여 유통을 하는 전략을 택할 수 있을 것이다. 판촉활동을 통하여 자신의 아이템에 이미지를 함께 만들어줄 수도 있다.

광고의 효과

사업을 영위하면서 광고는 다양한 형태로 시도되고 있다. 광고 방법도 그 규모나 매체 등에 따라 매우 다양하다. 소규모 매장에서 홍보물을 인쇄하여 신문에 끼워 배달하는 방법부터 TV를 통한 광고까지, 예산의 규모에 따라 혹은 목적에 따라 다른 방법이 이용된다. 산업시대가 열리면서 대부분의 광고는 제품의 기능을 홍보하는 것에 집중하였다. 소비자의 선택의 폭이 좁을 때에는 제품의 기능적인 면만 홍보해도 충분한 효과를 볼 수 있었다.

하지만 요즘처럼 국가 간 무역거래가 활발해지고, 다양한 제품이 등장하면서 소비자의 기호 또한 다양해진 환경에서는 더 이상 제품의 기능만 가지고 승부할 수 없게 되었다. 당연히 광고홍보 분야도 급속도로 발전하였다. 기업들은 점점 더 이미지 홍보에 신경을 쓰게 되었으며, 제품보다는 소비자가 얻을 수 있는 가치에 대한 홍보에 더욱 신경을 쓰게 되었다.

요즘 웬만한 TV 광고는 한 편의 드라마를 방불케 한다. 포스터 광고는 한 편의 팝아트를 보는 느낌마저 들 때도 있다. 광고는 감동과 웃음, 기타 등등 다양한 방법을 사용해 짧은 순간 잠재적 고객과 소통하기를 원한다. 소통할 수 없다면 제아무리 많은 돈을 쏟아부어 광고를 제작하고, 노출시킨다고 하더라도 절대 성공할 수 없다는 것을 기업은 잘 알고 있다.

인터넷과 스마트 기기를 통한 판촉

최근에는 인터넷과 스마트 기기의 발전으로 인하여 새로운 판촉활동이 이루어지고 있다. 배너는 아주 기본적인 광고의 방법이 되었고, 검색을 이용한 광고는 이제 키워드 확보 전쟁으로 이어지고 있다. 배너광고를 클릭하면 해당 내용을 담고 있는 마이크로 사이트Micro site가 함께 발전을 하였고, 최근에는 SNS(Social Network Service)라고 하는 새로운 소통체계가 유행하고 있다. 가장 좋은 홍보 방법이라고 하는 '입소문'에 의한 홍보를 이제는 웹사이트에서 시도하고 있는 것이다. 스마트 기기들의 발전으로 인해 예전에는 컴퓨터 앞에서만 가능하던 일들이 이젠 이동통신망이 있는 곳이라면 언제 어디서나 가능하게 되었다.

많은 정보가 의사결정에 꼭 도움을 주는 것은 아니다. 차라리 선택의 폭이 좁으면 빠른 결정을 내릴 수 있다. 예나 지금이나 '무엇을 먹을까?'는 항상 고민거리다. 이때 내 결정을 도와주는 쉽고 빠른 방법이 있다. 바로 블로그나 카페를 통해서 정보를 얻는 것이다. 의사결정을 하기는 해야 하지만, 별로 중요한 사항이 아니라면 쉽게 다른 사람의 의견을 따를 수 있다는 점을 인식한 사람들이 자신의 경험을 바탕으로 하여 사진과 글을 카페나 블로그에 올린다. 이렇게 올린 글이 검색엔진에 검색될 수 있도록 설정해두면 누군가가 해당 단어를 검색하고 자신이 올린 글을 볼 수 있게 된다. 이러한 방법을 자신의 매장 홍보에 이용하는 사람이 점점 늘어나고 있다. 파워블로거를 초청하여 계획적으로 매장을 홍보할 수도 있고, 카페나 블로그를 직접 제작하여 홍보하는 경우도 있으며, 블로그나 카페에 홍보해주는 손님에게 서비스를 제공하는 업체도 있다.

하지만 소비자들은 지나치게 상업적인 블로그를 가려내는 능력도 함께 키워야 한다. 인터넷을 통한 구매정보의 '역기능'도 지적되고 있는 것이다. 긍정적인 커뮤니케이션 도구가 상업적인 목적으로 악용된다면, 소비자에게 외면을 받을 수 있다는 것을 간과해서는 안 된다.

온라인 마케팅 방법 중 아직 좋은 효과를 거두고 있는 것은 공동

구매 방법이다. 제품을 저렴하게 구매하고자 하는 소비자의 욕구를 충족해줄 수 있는 웹사이트가 많이 등장했다. 공동구매는 구매자가 늘어날수록 가격이 내려가는 점을 이용한 방법이다. 예를 들어 100개를 구매하면 10,000원짜리를 9,000원에 제공하고, 200개를 구매하면 8,000원에 제공하는 식으로 점점 가격이 내려가는 것이다. 최근에는 요식업에서도 이러한 방법을 수용하고 있다. 의류, 신발, 건강기능식품, 여행상품, 음식, 전자제품 등 적용분야는 생각보다 다양하다. 특히 국내에 유통망을 확보하고 있지 않은 제품들이 이러한 방법을 이용해서 많은 판매가 이루어지기도 한다. 지나치게 많은 홍보가 소음처럼 느껴질 수도 있다. 예를 들면 온라인 뉴스 사이트에 시도 때도 없이 튀어나오는 광고물과 테두리를 빼곡하게 메우고 있는 현란한 광고물들은 소비자들의 반감을 살 수 있다. 온라인 홍보 활동도 결국 공감을 얻어낼 수 없다면 무용지물이 되는 것이다.

마케팅 계획 수립의 5단계는 전략의 실행 및 조정과 통제라는 단계이다. 전 단계까지 수립된 전략과 전술을 실행하면서 끊임없는 조정과 통제를 해야 하는 것이다. 예를 들어 한정된 제품에 고가 전략을 택한 마케팅이라면, 품질을 유지하기 위한 노력과 매장 직원들에 대한 교육, 불만사항 접수 및 처리, 자주 일어나는 불만에 대한 근본적인 해결 등 전략에 충실한 조정과 통제가 이루어져야 한다.

필자가 생각하는 마케팅은 고객의 마음을 얻는 일, 즉 사람의 마음을 얻는 일이다. 고객의 욕구가 다양해지고 있는 상황에서 고객의 마음을 얻는 것이 점점 더 어려워지고 있다. 특히 프랜차이즈 사업에서는 가맹점주의 마음을 얻을 수 있는 본사가 되어야 하고, 고객의 마음을 얻을 수 있는 가맹점이 되어야 한다. 자주 강조되는 이야기지만, 프랜차이즈 본사와 가맹점 사이의 다른 입장을 분명히 인식하고, 끊임없이 소통하여 서로가 잘될 수 있는 구조를 만들어야 할 것이다. 긍정적인 소통을 통하여 얻어진 의견이 마케팅 과정에 반영이 되면, 고객의 마음을 얻는 데 도움이 될 것이라고 생각한다. 마케팅 담당자는 경영기법뿐만 아니라 사람을 이해하기 위한 공부도 함께 필요한 것이다.

기본을 잊지 말 것!

누군가가 올려놓은 인터넷 블로그나, 맛집 정보를 전문적으로 제공하는 사이트의 평점 등을 검토한 후 맛집을 찾아가본 일이 있을 것이다. 인터넷을 적극적으로 이용하는 매장 운영자는 블로그나 온라인 커뮤니티에 많은 글을 등록한다. 찾아오는 손님이 자신의 블로그에 글을 올리면 할인이나 서비스를 제공하는 매장도 있다. 최근 이슈가 되고 있는 SNS(소셜 네트워크 서비스)를 통한 홍보 방법도 있다. 엄청나게 많은 정보 속에서 정말 맛있는 집을 찾기란 쉽지 않다. 사람의 입맛이란 것이 다 같을 수 없는 것인데 소문만 믿고 갔다가 많은 시간을 기다리는 경우도 발생하고, 어렵게 기다려 먹었는데 기대한 것보다 맛이 없으면 시간 낭비, 돈 낭비가 되고 만다. 상업적으로 올린 글에 속을 수도 있을 것이다.

필자도 인터넷을 통해 맛집을 검색해본다. 실제로 찾아가보면 기대에 미치지 못하는 경우가 허다하다. 물어 물어 애써 찾아갔는데 열 군데 중 다섯 군데는 만족스럽지 못하다. 필자는 직업상 전국적으로 많은 곳을 돌아다니게 되는데, 끼니에 맞춰 맛집을 고르는 것도 보통 일이 아니다. 그래서 가장 많이 사용하는 방법은 방문한 곳의 직원에게 추천을 받는 방법이다. 타지에서 온 사람에게 막상 추천하려면 잘 생각나지 않을 텐데도 그 중 생각나는 곳이 있다면 꽤 괜찮은 곳일 거라는 판단에서다. 내 판단이 틀리지 않아서 다행히 소개를 받아서 가는 곳은 대부분 맛이 좋았다. 소개를 받기 어려운 상황에서는 매장과 주인의 차림새를 본다. 단정한 외모에 친절한 태도를 갖추고 있는 사람이 운영하는 곳이라면 맛이 좋을 것 같다는 기대감도 작용을 한다. 음식 맛이 좀 떨어지더라도 깨끗한 분위기에서 식사를 하고 왔다는 기억은 남게 마련이다.

프랜차이즈를 운영할 때 고객의 성향을 파악하는 것은 매우 중요한 일이다. 맛을 중요하게 생각하는 고객도 있을 것이고, 청결함을 우선시하는 고객도 있을 것이고, 직원의 친절함을 가장 중요하게 여기는 고객도 있을 것이다. 물론 이 세 가지가 모두 있으면 금상첨화다. 맛있고, 깨끗하고, 친절한 곳을 싫어하는 사람이 있겠는가.

고객의 성향도 중요하지만 경영자 자신의 성향을 먼저 살펴보아야 한다. 맛집을 찾는 방법은 이외에도 많을 것이다. 자신이 어떤 것을 잘할 수 있는지 생각해보고, 가장 알맞은 방법으로 운영을 해야 한다. 인터넷이나 소셜 네트워크 서비스를 이용할 수 있다면 그 방법을 적극적으로 도입하고, 찾아온 고객들을 일회성이 아닌 단골 고객으로 만드는 방법을 고민하는 것이 좋다. 반대로 컴퓨터나 스마트 기기들을 잘 다루지 못한다면 입소문을 이용한 방법이라든지, 오프라인 홍보물, 또는 카드사와의 연계 등 다른 방법을 고려한 후 고객을 확보하는 것이 좋다. 어떤 운영방법이든 고객들에게 선택을 받을 수 있는 프랜차이즈가 되기 위해서는 단골 고객에게 당당하게 추천을 받을 수 있어야 한다. '그 집 가면 후회 안 해!' '거기 정말 맛있에!' '그 동네 가면 그 집은 꼭 가봐!' 하는 이야기를 들을 수 있는 방법을 항상 고민해야 한다.

마케팅 중 판촉활동의 도구는 시대와 환경에 따라서 변할 수 있다. 하지만 기본적인 원칙은 환경이 변하더라도 달라지지 않는다. 음식점의 경우에는 음식이 맛있어야 하고, 청결해야 하며, 직원들은 친절해야 한다. 필자가 매장의 운영자를 살펴보는 것처럼 매장 내의 청소상태를 보는 사람도 있고, 정리 정돈 상태를 보는 사람도 있고, 직원들의 복장을 보는 사람도 있을 것이다. 모든 사람을 만족시킬 수는 없다고 하더라도, 기본적인 사항은 반드시 지켜야 하는 것이다. 청소하고, 복장을 단정하게 하는 것을 대수롭지 않게 생각하는 사람도 있지만, 실제로 매일 매일 청결을 유지하는 데 힘쓰기란 쉽지 않은 일이다. 냉난방기의 필터나 선반 위의 먼지 등 눈에 잘 띄지 않지만 이물질이 잘 쌓이는 곳을 매일 청소하는 일은 생각보다 실천하기 힘든 일이다. 따라서 이러한 기본에 충실한 업소가 있다면 고객의 사랑을 받을 수 있는 일차적인 조건을 갖추었다고 할 수 있다.

프랜차이즈 더 깊이 알기

계약기간 연장을 안 해준다면?

부동산과 마찬가지로 프랜차이즈 가맹에도 계약 기간이 있다. 계약 기간 내에 목표한 수익을 얻고 사업을 마무리하면 몰라도 계속 영업을 하고 싶은데 계약 연장이 이루어지지 않을 경우엔 어떻게 해야 할까? 또 자신이 가맹점을 시작한 지 얼마 되지 않아서 근처에 동종업체의 경쟁사가 새롭게 문을 연다면 어떻게 해야 하는가? 신당동 떡볶이 골목, 신림동 순대 타운처럼 같은 아이템이 밀집하여 시너지 효과를 일으키는 곳도 있지만, 유동 인구 대비 매출이 비례하는 아이템이라면 동종 아이템이 근처에 생겼다는 소식은 매출감소로 이어지는 비보悲報다. 예를 들어 00동 A상권에 영업이 잘 되는 가맹점이 하나 있다. 가맹점 사업자도 매우 만족하고 있는데, 가맹기간이 끝나고 나니 본사에서 계약 연장을 해주지 않는다. 여러 가지 이유를 대며 연장이 불가능하다고 한다. 가맹점 입장에서는 억울할 수밖에 없는 상황이다. 설마 일부러 연장을 해주지 않고 자신들이 직영을 하려고 하는 것은 아닐까? 아니면 잘 아는 사람에게 넘겨주고 싶어서 그런 것은 아닐까? 잘 되고 있는 가맹점이라고 해서 마냥 안심할 수만은 없는 노릇이다. 가맹점의 저조한 매출실적이 분쟁의 시작인 반면, 계약 종료 이후를 걱정해야 할지도 모르는 불안이 존재하는 것이다.

가맹계약 연장 말고도 인테리어에 대한 리모델링을 요구하기도 한다. 브랜드 이미지 관리차원에서 하는 것이라고는 하지만, 정말 깨끗하게 관리를 잘 한 가맹점 사업자 입장에서는 '인테리어 공사를 통해 마진을 챙기려는 심보인가?' 하는 생각을 하지 않을 수가 없을 것이다. 결국 가맹점은 몇 년에 한 번씩 피땀 흘려 모은 돈을 인테리어 공사에 쏟아 붓고, 가맹비나 꼬박꼬박 내면서 겨우 궁기나 면할 만큼의 보상에 만족하며 살아야 한다는 말인가? 이런 경우 가맹점 사업자로서는 울분을 토할 수밖에 없을 것이다. 주변엔 프랜차이즈라는 단어만 들어도 이가 박박 갈린다는 사람도 있다. 부동산, 가맹연장, 경쟁사, 유사업종, 인근지역 직영점 개설 등등 프랜차이즈 사업에는 이렇듯 변수들이 존재한다. 프랜차이즈 사업을 준비하다가 오히려 도중에 마음을 접는 사람이 많은 이유도 이러한 '불편한 진실'에 대해 알게 되기 때문인지도 모른다.

프랜차이즈 사업, 절대 하지 말라고?

그러면 프랜차이즈 사업은 정녕 하지 말아야 하는 사업인가? 그렇지 않다. 사실 모든 프랜차이즈 사업자가 위와 같은 것은 아니다. 결국 가맹점과 본사가 모두 잘되어야 발전한다는 사실을 알고 있는 프랜차이즈 본사를 선택해야 하는 것이다.

필자가 인문학적 소양을 중요시하는 것도 이 부분과 매우 밀접한 관계가 있다. 결국 프랜차이즈 사업은 사람이 하는 것이다. 긍정적인 마인드를 가지고 프랜차이즈 사업을 운영하는 사람을 만나야 하는 것이다.

프랜차이즈 본사를 선택하는 것은 가맹사업자의 일만은 아니다. 반대로 프랜차이즈 본사 입장에서도 가맹사업자를 잘 만나야 하는 것이다. 서로 잘 모르는 사람들이 만나 계약을 맺고 사업을 하다 보면 입장 차이가 발생하지 않을 수 없다. 계약서를 가지고, 분쟁조정위원회나 법원에 가서 싸우기 전에 사업을 운영하는 본사의 가치관과 가맹사업 희망자 간의 가치관이 비슷한지도 알아봐야 한다. 만약 서로가 잘 할 수 없을 것 같다거나 가치관이 맞지 않는다면 정중히 거절할 줄도 알아야 한다. 서비스 마인드라곤 눈을 씻고 찾아봐도 보이지 않는 사람이 고객을 직접 상대해야 하는 요식업 가맹점을 시작하겠다며 프랜차이즈 본사를 찾아온다면 직접 운영하지 않아도 되는 다른 사업 아이템 쪽으로 소개를 해주거나, 정중히 거절하는 것이 바람직하다. 창업자본 규모와 상권이 좋다고 가맹점을 시작한 사람이 나중에 자신의 서비스 마인드는 생각지도 않고 왜 매출이 오르지 않느냐 따지고 든다면 본사입장에서도 난감할 노릇이다.

프랜차이즈는 유통 사업

프랜차이즈를 유통사업이라고들 말한다. 우리나라에서는 아직까지는 로열티를 기반으로 한 본사의 운영이 쉽지 않다. 그래서 많은 프랜차이즈 본사에서는 유통 마진을 통하여 운영을 하고 있는 것이 현실이다. 프랜차이즈 본사를 유지하기 위해서도 본사의 비용을 충당할 재원이 필요하다. 브랜드 파워가 강하고, 안정적인 시스템을 가지고 있는 해외 유명 프랜차이즈에서는 로열티를 기반으로 한 운영이 가능하다.

하지만 우리나라의 많은 프랜차이즈 본사는 원자재 또는 제품 공급을 통한 유통마진을 기본으로 운영하는 곳이 많다. 예를 들면 시장 평균 가격이 3,000원인 원자재를 본사가 4,000원에 납품을 하는 것이다. 가맹점을 운영하는 사람들은 이렇게 많은 차이가 나는 원자재를 직접 구매하여 운영하기도 한다. 이런 방식을 '사입'이라고 하는데, 원자재를 사입해 사용하는 가맹점이 많을수록 본사의 수익은 낮아질 수밖에 없다. 그렇게 되면 본사 역시 부실해지고, 결국 사업 운영이 어려워져서 폐업하게 되는 것이다. 원자재나 제품의 공급을 통하여 수익을 창출하는 본사에서는 품질저하를 이유로 사입을 막으려고 한다. 하지만 품질의 차이가 인정되지 않으면 법률로 사입을 막을 방법이 없다. 따라서 최근에는 원자재상태로 공급하는 것 말고, 가공된 상태로 공급을 하는 프랜차이즈 본사가 늘어났다. 요식업의 경우 특별한 양념으로 가공한 식자재를 공급해 가맹점이 쉽게 흉내낼 수 없도록 하는 것이다. 만약 로열티가 기반이 된다면 이러한 현상은 줄어들 것이다. 본사에서는 품질을 유지할 수만 있다면, 원자재는 가맹점이 직접 거래선을 확보하여 운영하는 것도 가능하다. 로열티방식이든 유통방식이든 프랜차이즈 본사는 가맹점을 통해서 벌어들이는 수익으로 다시 가맹점들에게 긍정적인 지원을 할 수 있는 구조를 만들어야 한다. 대부분 이러한 기능을 잘 수행하는 프랜차이즈 본사가 오래 남는다.

프랜차이즈 사업을 교육사업 또는 유통사업에 빗대는 것은 프랜차이즈가 바람직한 모습을 띤 경우이다. 이 두 가지 외에 인테리어, 설비, 가맹비 등 초기 비용을 프랜차이즈 본사의 유일한 수익으로 하는 곳도 있다. 법률에는 인테리어, 설비 등은 가맹점이 직접 할 수도 있도록 정해 놓았다. 하지만 많은 곳을 설비하는 본사와 자신의 것만 하는 가맹점의 가격을 비교해본다면 결과는 뻔하다. 본사가 훨씬 저렴하게 공사할 수밖에 없는 것이다. 따라서 개인이 할 때의 가격이 1억 원인데 본사에서 하는 가격이 8,000만 원이라면, 개인은 본사에 맡기는 것이 유리하다는 생각이 든다. 본사가 협상을 잘해서 실제 드는 원가는 7,000만 원이라면 1,000만 원에 해당하는 수익이 발생한다. 본사가 노력하여 벌어들이는 수익인 것은 확실해 보이지만, 이러한 수익 모델을 가지고 가맹을 전개한다면 안정적인 발전은 매우 어려울 것이다. 가맹점을 창업하려는 사람이 프랜차이즈 본사가 어떠한 수익모델을 가지고 운영을 하는지도 꼼꼼히 알아보아야 한다. 물론 프랜차이즈 본사는 안정적이면서, 가맹점들과 함께 성장할 수 있는 방법을 끊임없이 연구해야 한다.

가맹점의 업종 변경

거리를 다니다 보면 통신사 이동 시 휴대폰 단말기를 무료로 교체해준다거나, 인터넷 통신사를 변경하면 현금을 지원해준다는 식의 광고가 눈에 많이 띈다. 시장의 경쟁이 얼마나 치열한지 한눈에 보여주는 현상이다. 치열한 경쟁 환경은 이동통신이나 인터넷 통신 가입에만 국한하는 것은 아니다. 프랜차이즈 사업에서도 비슷한 상황이 발생한다. 개인 매장으로 운영하는 곳을 프랜차이즈 가맹점으로 전환하라고 권유하거나, 타 브랜드 가맹점주에게 업종 변경을 제안하기도 한다. 특히 같은 아이템의 경우, 간판이나 결제시스템 정도만 바꾸면 쉽게 전환할 수 있기 때문에 동종업의 프랜차이즈 회사에서 이러한 제안을 해올 수 있다.

비슷한 아이템이라면 좀 더 좋은 조건에 대한 유혹을 물리치기 어려울 것이다. 이동통신이나 인터넷통신회사가 고객을 유치하기 위해 위약금이나 가입비 등의 비용을 지원해주는 것처럼, 간판이나 결재시스템을 바꾸는 비용을 지원해 다른 회사의 가맹점을 자신들의 가맹점으로 전환하려는 경쟁업체들의 시도는 계속 이어질 수 있다.

이러한 현상에 대비하여 브랜드나 로고뿐만 아니라 인테리어 디자인을 등록하는 경우가 많다. 즉 간판만 바꾸는 것이 아니라 인테리어를 모두 바꾸지 않으면 업종변경을 할 수 없도록 하는 것이다. 가맹계약이 종료되어 새로 가맹비를 지불해야 하는 시점에서 업종전환이나 자체운영을 생각하는 매장들은 많지만, 고비용이 들어가는 실내장식 및 설비를 다시 하면서까지 업종변경을 결심하는 사람은 많지 않을 것이기 때문이다. 프랜차이즈 본사들이 갱신 가맹비용을 간판 교체 비용보다도 적게 책정하는 까닭은 이러한 상황에 대한 대비책으로 볼 수 있다.

상표나 인테리어 컨셉 등은 프랜차이즈의 성립 조건에서 동일 상표 사용에 관한 항목이다. 많은 프랜차이즈 가맹점에서 사용되는 모든 집기에 상표를 인쇄한다. 상품, 집기, 인테리어, 소모품에도 상표를 인쇄하는 것이다. 이렇게 하는 것은 동일 상표 사용으로 인지도를 높이는 것 이외에도 가맹점의 사입을 방지할 수 있으며 재계약 시 타 브랜드로의 전환을 줄일 수 있기 때문이다. 가끔 음식점에 가면 벽면에 있는 로고 마크에 검정색 테이프가 붙어 있거나 다른 스티커가 붙어 있는 것을 볼 수 있다. 인테리어 컨셉이 등록되어 있지 않은 곳의 가맹점이 가맹계약 갱신을 하지 않은 경우라고 예측할 수 있다.

프랜차이즈 본사의 입장에서는 새로운 창업자를 찾는 것보다 이미 사업을 영위하고 있는 사람에게 제안하는 방법을 이용하기도 한다. 업종 전환뿐만 아니라 현재 가맹점을 운영하는 사람이 같은 브랜드로 창업할 수도 있고, 본사에서 새로 시도하는 다른 아이템의 브랜드를 창업할 수도 있다. 운영 노하우를 지닌 기존 창업자들에겐 신규 아이템을 이용한 창업이 매력적으로 다가올 수도 있을 것이다. 가맹점 입장에서야 기존의 아이템을 이용해서 투자비용과 이익을 회수한 후 현재 내리막길을 걷고 있다면, 업종 변경도 긍정적으로 검토할 수 있을 것이다. 단, 가맹점 모집을 목표로 하는 본사인지, 안정적인 운영을 목표로 하는 본사인지 자세하게 살펴보아야 한다.

미스터리 쇼퍼

브랜드의 이미지 관리 및 운영방침 등의 이유로 본사가 일방적으로 가맹 계약을 해지할 수도 있다. 품질과 브랜드 이미지를 통일시켜야 하는 본사 입장에서는 가맹점주의 개인적인 사정을 무조건 이해해줄 수 없는 경우가 많이 발생한다. 때로는 미스터리 쇼퍼가 손님이 되어 직접 가맹점을 찾아다니면서 품질이나 서비스 등에 관한 평가를 한다. 미스터리 쇼핑Mystery shopping이란 말은 다소 생소하게 들릴 수 있다. 굳이 비유를 하자면 과거에 탐관오리들을 밝혀내고 처벌하는 암행어사를 생각하면 될 것이다. 교육을 받은 전문 쇼퍼Shopper가 손님으로 가장해 매장을 돌며 일어나는 각종 상황을 점검하는 것이다. 매장을 처벌하려는 의도보다는 매장의 상황을 객관적으로 진단하여 경영환경을 개선하려는 목적으로 진행하는 경우가 많다.

미스터리 쇼핑은 매장의 청결상태, 직원의 친절도, 응답시간, 화장실 환경 등 체크리스트를 이용해 점검한다. 점검을 할 때 매장 직원들이 알아차리지 못하도록 하는 것이 중요하다. 따라서 미스터리 쇼핑은 손님이 많은 시간을 이용해서 진행하는 경우가 많다. 점검을 할 것이라고 미리 알리면 정확한 현황이 파악되지 않는다. FRMS(Food&Restaurant

mystery shopping)의 민유식 대표는 미스터리 쇼퍼는 일종의 역할 연기자라고 이야기한다. FRMS는 국내에서는 아직 생소한 분야인 미스터리 쇼핑 분야에서 점포진단을 통한 경영개선 업무를 진행하는 곳이다. 전문적으로 교육을 받은 미스터리 쇼퍼는 날카로운 시선으로 매장을 파악한다. 매장에 들어설 때부터 안내는 잘 되고 있는지, 매장의 위생상태는 양호한지, 직원들의 복장은 단정한지, 안내 후 주문을 받을 때까지 얼마나 소요되는지, 직원을 호출했을 때 얼마 만에 오는지, 질문을 했을 때 답변을 즉각적으로 하는지, 다소 엉뚱한 질문을 던졌을 때 표정의 변화가 있는지 등 많은 사항들을 점검한다.

미스터리 쇼핑을 통하여 경영환경이 개선된 사례도 많다. 일례로 많은 손님이 찾아오는 술과 안주를 주로 판매하는 매장에서 미스터리 쇼핑을 통한 진단 결과, 매장 입구에서 손님이 들어오자마자 안내를 하는 것이 좋겠다는 아이디어를 얻었다고 한다. 많은 손님이 오는 매장의 경우, 종업원들은 눈코 뜰 새 없이 바쁘지만 정작 고객들은 직원들이 친절하다는 느낌을 받기가 어렵다고 한다. 그래서 입구에 안내를 전문으로 하는 직원을 배치해 손님이 오면 반갑게 맞고 자리를 안내했다. 그랬더니 안내를 하기 전보다 고객들이 느끼는 직원친절도가 훨씬 많이 올랐다. 이러한 변화는 매출 증가로 이어졌다.

또 다른 사례도 있다. 고가의 잡화 등을 판매하는 매장을 방문한 미스터리 쇼퍼 이야기다. 미스터리 쇼퍼가 매장에 들어가 안내를 받고 제품에 관한 문의 후 각종 설명을 들었다. 대화 끝에 미스터리 쇼퍼가 '사실 이번에 외국에 나갈 때 면세점에서 살까 한다'고 이야기를 마치려 하자 매장직원이 면세점에서 구매하는 경우 주의사항과 향후 A/S 방법을 안내해주었다고 한다. 미스터리 쇼퍼마저 감동을 시킨 경우다. 보통 미스터리 쇼퍼는 이러한 경우 물건을 사지 말라고 교육을 받는다는데, 감동을 받은 나머지 고가의 물건을 구매했다는 것이다.

미스터리 쇼핑은 점포의 진단을 통하여 경영환경을 개선할 수도 있지만, 현재의 매장 현황을 파악할 수 있는 방법으로도 활용될 수 있다고 한다. 미스터리 쇼퍼가 매장을 방문했는데, 정해진 영업시간에 문이 닫혀 있거나 품질 및 서비스 관리가 이루어지지 않는다면 평가 점수가 낮아진다. 개선이 되지 않는다면 최종적으로는 가맹계약을 해지할 수도 있는 것이다. 물론 이러한 사항은 계약서에 명기되어 있어야 한다.

프랜차이즈도 경영의 한 방법이기 때문에 다른 사업과 마찬가지의 인사, 조직, 영업, 세무, 재무 등 거의 모든 위험을 내포하고 있다. 반드시 전문가와 상담하고, 직접 배우고, 조사하는 것이 위험을 줄이는 데에 도움이 될 것이라고 생각한다.

프랜차이즈 본사를 운영하려면?

생각을 바꿔 나만의 경쟁력을 찾아라

프랜차이즈 본사를 경영하는 것이 목표라면 더 많은 고민을 해야한다. 먼저 누구나 쉽게 따라서 할 수 없는 특별한 아이템을 선정하여 자본 여력이 많고 시스템을 갖춘 회사에서 공격적인 가맹 전개를 할 때 방어할 수 있어야 하며, 가맹 사업자들에게 수익을 창출해주어야 하고, 본사 역시 이윤을 얻어야 한다. 과연 이러한 아이템이 무엇일까? 성공한 프랜차이즈 본사들은 어떤 방법을 이용했을까? 우리나라의 프랜차이즈 본사 평균 수명이 약 5.4년이라고 한다. 얼핏 생각해봐도 5.4년 간 수많은 프랜차이즈 본사와 가맹점, 그리고 어마어마한 투자액이 연기처럼 사라졌을 것이다. 분명 그들도 좋은 아이템이라고 여기며 충분한 경쟁력을 확보할 수 있다고 판단해 시작했을 것이고, 당연히 열정도 있었을 것이다. 하지만 현실은 냉혹하다.

프랜차이즈 본사를 하기 위한 가장 좋은 방법은 어떤 것일까? 프랜차이즈 본사 창업을 계획하는 사람이라면 반드시 깊게 고민해야하는 질문이다. 내가 하고자 하는 사업의 전략적 우위를 어떻게 선점할 것인가? 누구나 쉽게 시작할 수 있다면 나만의 경쟁력은 무엇인가? 본사를 운영하기 위한 인재 확보는 어떻게 할 것인가? 시스템을 구축하기 위한 전략을 가지고 있는가? 마케팅은 어떻게 할 것인가? 가맹점 모집 정책과 영업범위에 관한 정책은 마련하였는가? 정보공개서 작성과 계약서는 철저하게 준비가 되었는가? 무엇 하나 중요하지 않은 사항이 없다. 프랜차이즈 본사를 꿈꾸고 있는 사람이라면 반드시 위와 같은 질문에 더욱 더 많은 사항을 고려하여 철저히 준비를 해야 한다.

간단한 사례를 한번 보자. 중화요리 아이템으로 프랜차이즈 가맹점을 모집하는 것은 매우 어려운 일이다. 중화요리의 경우 주방장에 대한 의존도가 매우 높고, 다양한 메뉴를 조리할 수 있는 주방인력을 확보하기가 어렵기 때문이다. 또 배달에 관한 사항도 항상 골칫거리로 자리 잡고 있다. 배달을 하기 위해서는 오토바이 운전면허 소지자가 필요하고, 사고 발생 시 많은 비용이 들어간다. 이렇게 어려워 보이는 중화요리점에도 최근 프랜차이즈 바람이 불고 있다. 소수 메뉴를 가지고 승부하고 배달이 없는 매장을 운영하는 등 자신의 아이템 특성에 맞도록 시스템을 구축한 것이다. 누가 생각하더라도 치열한 경쟁이 있을 것 같은 요식업, 그 중 지역마다 몇 개씩은 있을 법한 중화요리 분야에서도 생각을 바꾸면 프랜차이즈 본사를 창업할 수 있다. 같은 아이템이라고 하너라도 그 일을 진행하는 사람에 따라서 이후의 전개는 매우 달라진다. 최근 유행처럼 번지고 있는 떡볶이 관련 사업과 커피 관련 사업도 경쟁이 매우 치열한 분야 중 하나다. 하지만 힘든 경쟁 환경 속에서도 자신만의 독특한 아이디어를 접목한다면 유망한 프랜차이즈 본사가 되어 활발한 가맹전개를 할 수 있을 것이다.

프랜차이즈 본사 창업의 조건

그렇다면 프랜차이즈 본사를 하기 위해서는 어떤 것들이 필요할까?

1. 경영자

2. 아이템

3. 본사 운영 인력 (기획, 인사, 영업, 마케팅, 물류, 관리, 수퍼바이저 등)

4. 사무실, 집기비품 등

5. 시스템 운영지침서 (업무매뉴얼, 회사 규정, 교육, 계약서, 정보공개서 등)

6. 가맹점 관련 자료 (가맹점 모집 계획, 영업범위, 사업설명회 관련 자료 등)

7. 가맹사업 파트너 (인테리어, 광고, 간판, 설비, 집기공급자, 유통업자 등)

8. 정보전산 시스템 (POS, Intranet, Website 등)

9. 기타 기업 운영에 필요한 사항

[프랜차이즈 본사 운영시 필요한 사항]

사람의 마음을 얻어라

이미 이야기했다시피 프랜차이즈 시스템은 경영의 한 가지 방법이다. 따라서 다른 회사와 마찬가지로 기업에 필요한 사항들은 프랜차이즈 사업에도 전부 필요하다고 생각하면 된다. 거기에 '가맹사업거래의 공정화에 관한 법률' 관련한 사항과 실제 가맹점 모집에서 운영관리에 필요한 사항들이 추가적으로 필요하다고 생각하면 된다. 모든 사업이 그렇듯 위에서 나열한 많은 일들을 혼자서 다 할 수는 없다. 기본적으로 함께 일할 사람이 필요하다. 필자가 자주 강조하는 사람에 대한 중요성은 사업을 시작하는 순간 시작된다. 공평하게 주어진 시간 동안 여러 가지 업무를 수행하려면 함께 일하는 동료의 마음부터 얻어야 한다. 동료의 마음을 얻었다면 그 다음부터의 모든 일은 바로 자신과 동료가 함께 해나가면 된다.

최근 중소기업이나 자영업자들은 인재를 채용하기가 더 어려워졌다. 고학력 사회로 발전하면서 취업희망자들은 공기업이나 대기업 등 조건이 좋은 곳을 선호하고, 투자한 시간과 비용으로 인하여 눈높이를 낮추어 지원하지 않는 상황이다. 중소기업이나 자영업자 등 소상공인은 대기업에 비해 상대적으로 자본력이나 시스템 운영능력이 풍족하지 못한 경우가 많다. 상황이 이렇다 보니 우수한 인재를 확보하는 것은 점점 더 어려워지고 있다. 프랜차이즈 본사를 준비할 때에도 이러한 사항을 반드시 고려해야 한다. 결국 작은 기업에서 우수한 인재를 확보하려면 성공신화를 써야 하는 것이다. 그래서 대기업에 다니는 것보다 더 행복해질 수 있다는 확신을 심어줄 수 있어야 한다.

주인의식

주인의식과 주인행세는 다르다. 직원 한 사람 한 사람이 주인의식을 가지고 있다면 사업장이 번창할 것은 불을 보듯 뻔한 일이고,

저마다 주인행세를 하려 한다면 그 사업장은 머지않아 문을 닫게 될 것이다. 경영자 입장에서 주인의식을 가지고 있는 직원처럼 믿음직한 사람은 없다. 반대로 주인행세를 하려 하는 사람은 반드시 경계해야 한다.

프랜차이즈 본사가 직영점 형태로 가지 않고, 프랜차이즈를 전개하는 첫 번째 이유는 바로 주인의식 때문이다. 직영점 형태로 갈 경우 직원을 채용하여 운영해야 하는데, 주인의식을 가지고 있는 직원을 채용하는 것은 정말 쉽지 않은 일이다. 그러나 가맹점주는 자신들의 사업이기 때문에 주인의식을 가지고 출발할 수밖에 없다. 프랜차이즈 본사 입장에서는 직영점을 운영하면 인건비 등의 각종 비용이 영업이익을 초과하는데, 이를 가맹점으로 돌렸더니 이익이 발생하더라는 것이다. 바로 주인의식 때문이다. 두 번째는 브랜드 홍보를 전국적으로 하여 마케팅의 효과를 극대화할 수 있기 때문이다. 지역 브랜드로 영업을 하다가 전국적으로 가맹점이 전개되어 몇 개의 직영점을 늘린다면, 본사 입장에서도 매우 유익할 것이다. 경영자의 성향에 따라서 100% 직영점만을 운영하기도 하고, 안테나샵이라고 하는 샘플 영업장만 운영하기도 하며, 가맹점만 모집하는 경우도 있다. 어떤 방식이 절대적으로 옳다고는 말할 수 없다. 아이템과 경영환경에 따라서 변할 수 있기 때문이다.

다른 어떤 사업보다 경영환경에 민감해야 하는 사업이 바로 프랜차이즈 사업이다. 특히 그 사업이 유행에 민감한 아이템이라면 반드시 흐름을 읽고 미리 준비하는 지혜가 필요하다. 잘 나갈 때가 가장 위험한 때라고 이야기한다. 자신의 사업에 적용시켜 한번 생각해보라. 가맹점이 급속도로 증가하고, 잘 되고 있는 시점에서는 이러한 현상이 언제까지 계속 될 수 있을지, 그 후 꾸준한 성장을 위해서는 무엇을 해야 할지 등 많은 고민을 해야 한다. 프랜차이즈 사업에서의 분쟁은 대부분 가맹점주가 기대한 만큼의 이익이 발생하지 않을 때 생긴다. 결국 가맹점주의 매출을 올릴 수 있는 방법에 대한 고민은 프랜차이즈 본사가 사업을 영위하는 내내 해야 하는, 끝이 없는 숙제와도 같은 것이다.

독립된 사업체이지만, 아이템에 따라서 본사에 대한 의존도가 높은 가맹점들은 끊임없는 분쟁의 여지가 있다. 분쟁의 여지를 줄이기 위해서 계약서를 작성하고, 매뉴얼을 구비하고, 암행어사처럼 가맹점을 관리·감독한다. 이렇게 서면으로 작성된 문서인 계약서나 매뉴얼 등에 의존하기에 앞서 사람과 사람으로 공감하고 이해하는 것이 가장 이상적이다.

잘나가는 프랜차이즈 본사에서는 사람에 관한 중요성을 일찍부터 알고 있었다. 따라서 자본금이 있고, 상권이 좋다고 해도 무작정 가맹점을 오픈해주지 않는 프랜차이즈 본사도 많다. 과연 이 사람이 우리의 상표와 상호를 사용하여 사업을 영위하는 데 있어 적합한 사람인지 심사숙고하는 것이다. 어떤 사업장은 지인이나 가족들에게만 가맹점을 맡기는 경우도 있다. 분쟁을 피하는 좋은 방법이라고 판단한 경영자의 전략일 수 있다.

유사상표에 주의!

어떤 아이템이 시장에서 좋은 평가를 받으면 뒤를 이어서 유사 상표가 범람한다. 미 투 마케팅Me too Marketing이라고 하여 히트한 아이템과 비슷한 이름을 지어서 판매하는 경우다. 특히 특허가 어렵거나 상표등록이 어려운 경우에는 이러한 현상이 더욱 빈번하게 발생한다. 이러한 현상은 프랜차이즈 업계에서는 매우 치명적인 일이다. 많은 준비 후에 개발된 새로운 아이템을 가지고 도전하여 시장에서 좋은 평가를 받기 시작할 때, 난데없이 등장한 유사상표가 자신이 개발한 아이템과 비슷한 아이템을 가지고 가맹을 전개하는 것이다. 이름까지 비슷하게 지어 가맹희망자들을 유혹한다. 지명 등 일반적으로 사용되는 단어들은 상표로 등록되기 어렵기 때문에 로고 이미지와 함께 상표를 등록하게 된다. 예를 들면 '홍인동순대'라는 상표를 등록한다고 할 때, 홍인동이라는 지명과 순대라는 고유명사는 단어 자체로만 상표등록이 되지 않는다. 따라서 로고와 함께 상표등록을 하는 데 '(로고)홍인동순대'라고 등록했다고 하더라도 같은 이름에 로고만 다른 상표가 등장할 수도 있는 것이다.

유사상표가 등장하여 가맹점을 모집하면 결국 법적 분쟁까지 시작되는 것이다. 열심히 준비해서 시장에서 인정받기 시작하는 시점에서 법정공방을 해야 한다는 것은 매우 안타까운 일이다. 아무리 좋은 아이템과 좋은 시스템을 갖추고 있다고 하더라도, 상대가 자본의 힘을 빌어 유사상표를 가지고 가맹사업을 전개한다면 싸우기 위해서 많은 자원이 소모가 된다. 차별화된 제품과 서비스를 기반으로 승리한다고 하더라도, 소모된 자원은 다시 돌아오지 않는다. 장기적으로 본사와 가맹점의 안정적인 운영을 목적으로 하는 곳이 아니라 가맹점 전개를 통한 수익창출을 목적으로 유사상표를 만들어서 운영하는 곳이라면 그 피해는 고스란히 가맹점주가 떠안게 된다. 고객이 많은 어떤 매장에는 유사상표에 주의하라는 현수막이나, '최근 유사브랜드를 가지고 가맹점을 모집하는 곳이 있습니다. 저희와는 전혀 관계가 없으니 피해 없으시길 바랍니다.'라는 글이 걸려 있는 곳을 목격할 수 있다. 그래서 어떤 사람들은 상표 등록을 할 때 유사한 상표까지 한 번에 다 등록하라고 하기도 한다. 이렇게 유사상표를 미리 등록하고, 분쟁의 가능성을 줄이면서 사업을 전개해야 하는 현실에 깊은 한숨이 나올 뿐이다.

우리나라의 상표는 선등록 후사용이 원칙이다. 즉 먼저 등록한 사람이 상표에 대한 권리를 갖는 것이다. 간판을 걸고 영업을 하고 있는데, 상표등록을 하지 않아서 다른 사람이 먼저 상표등록을 한 후 적반하장으로 권리를 주장하면서 비용을 요구하는 경우도 있다고 한다. 그럴 경우 상표를 바꾸거나 비용을 지불할 수밖에 없다.

프랜차이즈 사업 경영인의 자질

리더십과 사람을 보는 안목

다른 사람에게 열정을 일으켜 과업을 수행할 수 있도록 만드는 사람을 '리더'라고 말한다. 위대한 리더들은 동료들에게 비전을 심어주고, 함께 목표를 이루어낸 사람들이다. 자신이 마음먹은 일을 해내는 것도 쉬운 일이 아닌데, 다른 사람에게 열정과 꿈을 심어주고 목표를 달성하는 사람은 정말 대단한 이들이다. 사람은 여럿이 모이면 분쟁이 생기게 되고, 내부의 분쟁은 외부와의 분쟁에 비해서 많은 고통을 수반한다. 그리고 그 분쟁을 슬기롭게 헤쳐 나가는 일은 리더의 몫이다.

외부와의 전쟁은 자신의 힘을 다해 적과 피 터지는 전쟁으로 승과 패가 명확하게 갈라지는 단순한 게임이지만, 내부와의 전쟁은 배려와 갈등 그리고 결단이 필요한, 난해한 전쟁이다.　　　　　　 - 칭기스칸

내부 분쟁이 생기는 원인은 의견 대립 때문이다. 의견이라는 것은 표면적으로 드러나는 사항이고, 기본적으로 추구하는 가치관에 따

라 분쟁이 생기는 것이다. 사람들은 대개 어떠한 일이든 자신의 생각과 선택만이 옳다고 주장한다. 그리고 자신의 입장과 반대되는 사람을 적으로 만들어버린다. 양쪽의 의견을 충분히 들어보아 양쪽 의견 모두 일리가 있다면 이러지도 못하고 저러지도 못하는 중립적인 입장도 생기게 마련이다. 그런 경우 끊임없이 '생각을 분명히 하라'는 압력을 받게 되는데, 아무런 결정을 하고 있지 않으면 회색주의라는 소리까지 듣게 될 수 있다. 사실 업무능력도 중요하지만 더욱 중요한 것은 좋은 태도와 의사소통 능력이다. 대개 의사소통 능력이 좋은 사람이 업무능력도 좋다. 원활한 의사소통만이 분쟁을 최소화할 수 있다. 또 의사소통에는 항상 진심이 담겨 있어야 한다. 분쟁은 보통 의사소통 과정에서 일어난다. 의미를 정확하게 전달하지 못하는 경우, 상대방은 자신이 듣고 싶은 방향으로 해석하는 경향이 있다. 이 과정에서 오해가 발생할 수 있지만 오해 역시 의사소통으로 풀어나가야 할 부분이다.

프랜차이즈 본사와 가맹점 관계는 외부 분쟁인가 내부 분쟁인가? 어떻게 정의 내리는가에 따라 의사소통 방법에 많은 차이를 보일 수 있다. 앞서 분쟁사례에서 살펴본 바와 같이 프랜차이즈 본사와 가맹점 사이의 입장 차이가 크면 클수록 분쟁 또한 만만치 않을 것이다. 본사와 가맹점이 서로 다른 입장에서 운영을 하더라도 궁극적인 목표가 통일된다면 긍정적인 발전을 이룩할 수 있을 것이고, 서로의 입장만 내세우면서 외부의 적으로 생각하게 된다면 파트너가 아니라 무찔러야 할 원수가 되는 것이다. 같은 브랜드라도 많은 가맹점을 개설한 곳이라면, 모두 다 같은 파트너일 수는 없다. 의사소통 과정에서 또는 서로 다른 기대치로 인해서 어제의 파트너가 오늘의 적으로 변하는 경우도 있을 것이다. 서로 힘을 합쳐서 발전해도 모자랄 판에 이렇게 분쟁이 발생하는 것은 무척 안타까운 일이다.

프랜차이즈 본사와 가맹점 사이가 아니더라도, 내부 직원들 사이에서도 분쟁의 소지가 다양하다. 본사 신기술 개발팀과 영업팀 간의 분쟁, 가맹점주와 직원 간의 분쟁 등을 예로 들 수 있는데, 여기에는 서로 다른 입장의 차이가 있다. 개발팀에서는 조직을 생각한 기술을 개발하기 위해 충분한 개발 기간을 갖고자 하지만, 영업팀은 성과를 올리기 위해 시장에 당장 유효하면서 사람의 마음을 자극할 수 있는 즉각적인 아이템을 원한다. 가맹점주는 직원이 손님 없는 시간에 다른 일이라도 알아서 해줬으면 하는데, 직원은 손님이 없을 때 휴식을 취하고 싶다. 서로 다른 기대치로 인한 갈등에 리더는 항상 고민거리가 생기게 된다. 따라서 사업을 하려면 강인한 체력과 강인한 정신력, 뚜렷한 목표의식, 의사소통 능력, 결단력, 지구력 등 많은 능력이 필요하다. 어떠한 분쟁이라도 결국은 사람이 해결해야 하는 일이다. 반대로 기쁜 일이 생길 때 행복함을 느끼는 것도 사람이 느끼는 것이다. 어렵지만 항상 다른 사람을 이해하려는 노력이 필요한 것이다.

사업 운영은 인내의 연속이다. 1인 기업을 운영하는 경우가 아니라면 대부분 다른 사람과 함께 일을 해야 한다. 마케팅이 고객의 마음을 얻는 것이라면, 사업 운영은 동료의 마음을 얻는 일이다. 시간, 능력의 제약으로 인하여 한 사람이 할 수 있는 일의 범위는 제한적이다. 따라서 대부분의 사업은 함께 일할 수 있는 사람이 필요하다. 그러면 함께 일할 사람은 어떻게 구하는가? 급여를 제공한다고 해서 인재가 구해질까? 구인구직 사이트에 채용공고만 올리면 그만인가? 근무 여건이 좋고, 급여가 높은 곳은 일하고자 하는 사람이 몰리기 마련이다. 하지만 자신의 사업장이 별로 인기가 없는 직종이라면 사람 구하는 일은 결코 만만치 않다. 그리고 인적자원의 유동성이 높은 곳(쉽게 들어오고, 쉽게 나가는 곳)이라면 사람을 구하더라도 함께 과업을 수행하는 것이 무척 어려워진다. 좋은 태도에다가 업무능력까지 뛰어난 인재를 구하면 더할 수 없이 좋겠지만, 그런 사람을 구하기란 쉬운 일이 아니다. 사람 보는 안목을 기르는 것이 중요한 이유가 여기 있다.

마음을 사로잡는 프레젠테이션 능력

프랜차이즈 본사에서는 가맹희망자를 대상으로 사업설명회를 개최하는 경우가 많다. 정기적으로 개최하기도 하고, 전시회에서 진행하는 경우도 있다. 다양한 사람들이 참가하는 사업설명회에서 청중을 설득하고 가맹계약으로 연결시키기 위해 프리젠테이션 능력은 매우 중요한 요소이다. 프랜차이즈 본사를 창업하려고 하거나, 본사에서 가맹점 모집을 주 업무로 하고 있는 사람이라면 프레젠테이션 기법에 관한 공부가 필요하다.

발표내용과 진심만을 가지고 발표를 한다고 해서 청중에게 감동을 줄 수 있는 것은 아니다. 자신이 준비한 내용을 다수에게 발표하는 것은 매우 어려운 일이다. 특히 듣는 사람에 대한 정보가 부족한 경우에는 더욱 어렵다. 청중의 배경지식을 알 수 없는 사업설명회의 경우 프레젠테이션 기법이 더욱 필요한 것이다. 좋은 프레젠테이션이란 듣는 사람들이 잘 이해할 수 있는 발표를 말한다. 이러한 프레젠테이션을 하기 위해서는 적절한 발표내용을 준비하고, 적절한 사례를 준비하여야 하며, 발표 언어는 쉽게 사용하여야 한다.

프레젠테이션은 '발표자가 자신의 생각과 경험을 주어진 시간 안에 정확하게 전달해, 발표하는 사람이 원하는 방향으로 상대방이 의사결정을 할 수 있도록 청중을 설득하는 설득커뮤니케이션'이다. 결국 프레젠테이션의 궁극적인 목적은 의사소통인 것이다.

프레젠테이션은 종류에 따라서 사업계획서, 신제품발표회, 업무보고서, 영업보고서, 프로젝트 제안서, 투자설명회 등의 형태로 나눌 수 있다. 각각의 프레젠테이션 종류에 따라 발표자료 역시 다르게 준비해야 한다. 효과적인 의사소통을 하기 위해서 적절한 툴을 이용하여 제작해야 한다.

프레젠테이션에 성공하려면 기획, 구성제작, 자신감이라는 3박자를 갖추어야 한다. 발표하는 사람이 내용을 정확하게 이해하고 있지 못하면 좋은 발표를 기대할 수 없다. 그리고 발표자료를 적절하게 구성하지 못한다면, 청중에게 정확한 의미를 전달할 수도 없다. 그리고 가장 중요한 것은 자신감이다. 발표자가 자신감이 없으면 청중은 불안을 느끼게 된다. 불안을 느끼는 청중이 발표자를 선택해줄 리

만무하다. 발표에 대한 자신감을 얻으려면 준비과정이 매우 철저해야 한다. 프레젠테이션 성격상 시간이 무제한으로 주어지지 않는다. 대부분 정해진 시간 안에 발표를 마쳐야 하며, 대부분 발표 이후 질의응답 시간이 이어진다.

필자의 경우 자료를 준비하고, 구성을 마친 후 주어진 시간 안에 발표를 마칠 수 있을지 연습을 해본다. 말하는 속도, 성량, 시선의 위치, 손동작 등 제한시간을 설정해두고 많은 연습을 한다. 연습을 통해 발표 자료의 내용을 정확히 이해하고, 효과적으로 말할 수 있다. 연습 때 분량이 많으면 과감하게 줄이거나 화면만 보이고 넘어가는 방법들을 고려한다. 많은 준비를 하고 많은 연습을 하더라도, 발표장에 들어서면 역시 긴장이 된다. 긴장되는 순간을 풀 수 있는 자신만의 방법을 개발하는 것도 매우 중요하다. 발표자에 따라서 날씨 이야기를 하거나, 최근 유행하는 유머를 이야기하는 경우도 있다. 인사를 하고 청중의 반응을 먼저 살펴보는 것이 도움이 된다. 발표를 자주 하다 보면 청중의 반응을 확인할 수 있는 여유가 생긴다. 고개를 숙이고 메모를 하면서 듣는 사람, 눈을 똑바로 보면서 듣는 사람, 관심 없다는 듯이 듣는 사람, 졸고 있는 사람 등이 보이게 된다. 청중이 어떤 모습을 하고 있느냐에 따라서 발표하는 방법을 달리해도 좋다. K대학교에서 학부생을 대상으로 강의를 한 적이 있었는데, 점심시간 이후이고, 바로 전 수업이 법에 관한 수업이었다. 필자가 강의해야 하는 시간에는 많은 학생들이 졸고 있었다. 그래서 졸음을 떨칠 수 있도록 수업을 시작하자마자 문제를 제출하고, 맞춘 사람에게 선물을 보내주겠다고 하니 많은 학생들이 잠에서 깨어났고 그 후로 경청하기 시작했다.

프레젠테이션에 관한 내용을 자세하게 다루려면 매우 많은 지면을 할애해야 한다. 다른 전문서적들이 많이 나와 있으니 참조하길 바라면서 간단하게 프레젠테이션 기획에 대한 부분으로 마무리하려고 한다.

1단계	목표와 핵심주제 설정 발표의 목표와 핵심이 무엇인지 정확히 설정한다. 즉, 청중에게 전하고자 하는 것이 무엇인지 명확히 한다.
2단계	자료의 수집과 분석 설득을 위한 자료를 준비한다. 자료가 많다고 무조건 좋은 것은 아니다.
3단계	내용 작성 자료를 기초로 하여 가독력 높은 자료로 내용을 구성한다.
4단계	발표 상황 분석 장소, 대상 청중, 특이사항 등을 점검한다.
5단계	발표자료 작성 및 리허설 목차를 정리하고, 발표자료를 발표순서로 정리한다. 가능하다면 발표장소를 살피고, 발표연습을 해본다. 발표장소가 어두운지 밝은지에 따라서 발표자료 배경도 변경한다.

[프레젠테이션 기획의 5단계]

신뢰감 쌓기

"신뢰란 단시간에 공부를 해서 배울 수 있는 것도 아니고, 필요할 때마다 사거나, 구걸해서 얻을 수도 없다. 그것은 삶 그 자체이다."

신뢰를 얻기 위한 방법은 딱 한 가지이다. 바로 '약속을 지키는 것'. 작은 약속을 지키면, 지킨 약속보다 작은 양의 신뢰가 쌓인다. 작은 약속, 큰 약속을 계속해서 지키다 보면 나도 모르는 사이에 신뢰의 통장은 점점 쌓여간다. 아주 간단해 보이는 일이다. 신뢰를 지키는 사람은 자신의 신뢰통장에 어느 정도의 신뢰가 쌓여 있는지 알지 못한다. 신뢰가 쌓였다고 생각하여 이를 나쁘게 이용하려는 사람들도 있다. 우린 그런 사람들을 '사기꾼'이라고 부른다. 경험과 지혜가 부족한 사람은 신뢰할 수 있는 사람과 사기꾼을 구별하기 힘들다. 또한 상처받았거나 위기에 처해 자신의 의사결정회로가 정상적인 기능을 발휘하지 못할 때에도 역시 구별이 어려워진다. 사회는 점점 사람들이 서로 신뢰할 수 없는 구조로 변해가는 것 같다. 달리 말하면 신뢰받을 수 있는 사람이 사회적으로 성공할 확률이 높아진다는 의미가 된다.

신뢰통장에 신뢰를 많이 저금하고 싶다면 명심해야 할 사항이 있다. 약속을 지키는 것이 신뢰를 저금하는 일이라면, 지키지 못할 약속은 하지 않아야 한다는 것이다. 평상시에 친구들과 약속을 할 때에도 명확하게 말하지 않는 사람들이 있다. "시간 나면 연락할게." "어떻게 될지 모르니까 그때 가봐야 알겠어." "먼저 만나고 있으면 전화할게." 이러한 대답은 가까운 친구 사이라도 신뢰를 형성하지 못한다. 가장 기본적인 약속은 시간약속이다. 그런데 시간약속을 정하지도, 지키지도 않는 사람의 신뢰통장에 신뢰가 적립될 수 있을까?

신뢰란 거울과 같다. 한 번 깨지면 다시 붙일 수 없으며, 만약 붙이더라도 상은 왜곡되고 만다. 깨진 유리거울에 비춘 자신의 모습은 하나가 아니다. 깨져버린 조각 사이로 보이는 내 모습은 수십 조각으로 왜곡된다. 신뢰라는 것도 이것과 매우 유사하다. 신뢰가 무너진 사람의 모습이 무너지기 전과 같을 순 없다. 특히 사회에서 만들어진 신뢰의 유리거울은 더욱 깨지기 쉽다. 한 번 깨진 유리거울은 좋은 접착제로 붙여도 깨지기 전과 같은 자신의 모습을 비추지 않는다는 것을 명심해야 한다.

자신을 돌아보는 습관

마지막으로 당부하고 싶은 이야기가 있다. 사업을 시작하면 어느 정도의 궤도에 오르기까지는 쉴 시간조차 없을지 모른다. 많은 경험자들이 한결같이 이야기하는 부분이기도 하다. 특히 직장을 다니며 급여생활을 하고, 주말이나 공휴일에는 늘어지게 쉬곤 하던 사람들에게 이 부분은 상당한 부담으로 작용한다. 자영업을 하다 보면 주말에도 일하고, 아이템에 따라서는 낮과 밤이 바뀔 수도 있으며, 그나마 쉬는 날에는 각종 행사로 인해 자신의 시간을 전혀 갖지 못하게 될 수도 있는 것이다. 그래서 사업을 시작할 때 이왕이면 '내가 정말 하고 싶은 일'을 찾으라는 것이다. 급여생활을 할 때엔 자신이 하고 싶은 일을 퇴근 후나 주말 등을 이용해서 할 수 있지만, 자영업은 그만한 여유를 가져다 주지 않을 수도 있다. 특히 투자형 창업이 아닌 생계형 창업의 경우는 더욱 그러하다. 자신이 시작하려는 아이템이 정말 자기가 좋아서 하는 것인지, 아니면 잘할 수 있는 아이템인지를 충분히 고민해야 한다.

세상을 움직이려면 먼저 나 자신을 움직여야 한다.
다음으로 무엇을 할지 아는 것이 '지혜'이며, 그것을 실천하는 것이 '덕목'
이다.   - 소크라테스

경영인에게 있어 자신을 돌아보는 습관은 매우 중요하다. 모든 일의
시작은 자신을 돌아보는 데서 출발해야 한다. 어제까지 할 수 없었
던 일을 내일 당장 잘할 수는 없다. 적어도 사업을 운영하는 데에는
능력개발을 위한 충분한 노력과 시간이 필요하다. 즉 앞으로 할 수
도 있을 것이라는 기대감만 가지고 시작하면 안 된다는 것이다. 만
약 시작하는 일에 새로운 능력이 필요하다면 그것을 먼저 배운 후
시작하는 것이 옳다. '난 앞으로 배우려고 하니까 지금 시작해도 된
다.'가 아니라, 배운 후에 시작해도 될지 말지를 고민해야 하는 것이
다. 어떤 일이든 자신의 능력 범위 안에서 출발하는 것이 좋다. 그러
다가 자신의 능력이 발전하거나, 능력이 좋은 동료를 만나면 성장을
기대할 수 있는 것이다.

성공이란 무엇인가? 성공이란 일에 대한 능력만으로는 충분치 않으며 열심
히 일해야 한다는 자각, 그리고 뚜렷한 목표의식이 혼합될 때 비로소 만
들어지는 결과물이다.   - 마거릿 대처

성공을 꿈꾸는 사람들은 저마다 자신의 목표가 있다. 자신이 바

라는 바를 얻었을 때 진정한 행복을 느끼는 것이 아닐까. 누가 뭐래도 스스로 행복할 수 있다면 성공한 사람이다. 결국 자신이 하고 싶은 일을 하면서 스스로 정한 목표를 달성하고, 행복함을 느끼면서 마음의 평화를 누릴 수 있으면 성공한 것이 아닌가.

단지 성공한 사람이 아니라, 가치 있는 사람이 되기 위해 노력하라.

- 아인슈타인

천재성을 가진 자는 경탄의 대상이 되고,
부를 가진 자는 시기의 대상의 되며,
권력을 가진 자는 두려움의 대상이 되지만,
품성을 갖춘 자는 신뢰의 대상이 된다.

　　　　　　　　　　　　　　- 지그 지글러

프랜차이즈와 사람들

1. 스포츠업계의 프랜차이즈를 꿈꾸다

-(주)프라이어스 이효재 대표 이야기

직접 해보는 것이 가장 빠르게 배우는 방법이다.

(주)프라이어스의 이효재 대표는 조금 특이한 이력을 지녔다. 한서대학교의 겸임교수로 출강하고, 스포츠센터를 운영하고, 라디오에서 창업관련 패널로 출연을 하고 있다.

체육대학 출신의 젊고 건강한 사업가인 이효재 대표는 어린 시절 군인이었던 아버지의 영향을 많이 받았다. 아버지의 사업실패로 인해 어려운 시절을 겪으면서 성공에 대한 의지를 키워왔다고 한다. 그는 회사를 다니면서도 승진을 노리거나, 월급 모아 노후 준비를 하겠다는 생각을 해본 적 없다고 한다. 언젠가 준비가 되면 반드시 나만의 사업을 할 것이라는 생각을 늘 해왔다고 한다. 그렇다고 회사 업무를 소홀히 했다는 이야기는 아니다. 회사를 다닐 때 자신이 제안한 아이디어가 채택되어 경쟁사에서도 모두 따라 할 정도의 성공을 거두었다고 한다. 다른 사람들이 하지 않는 새로운 도전을 통하여 멋진 아이템을 개발한 것이다. 그렇게 5년 정도의 회사 생활을 접고 자신의 사업을 시작했다. 자신이 모아둔 종자돈과 대출로도 부족한 자본 때문에 고민하고 있을 때 흔쾌히 투자를 하겠다는 사람을 만났다. 투자자는 놀랍게도 지인도 아니고 선후배도 아닌, 고객이었다고 한다. 사람을 보고 투자를 하는 것은 쉽지 않은 일인데, 새내기 사업가를 믿고 선뜻 투자해주신 분 덕분에 사업을 시작할 수 있었다.

그의 첫 번째 도전은 잘 운영되지 않는 스포츠센터를 인수하는 것이었다. 다른 사람들이 하지 않는 시도를 해보고 싶었다고 한다. 사회적으로 골프 대중화에 관한 이야기가 나오고, 운동에 관한 관심은 있지만 막상 실행에 옮기지 못하는 회사원들이 많다는 것을 알게 되었다. 이 대표는 그들을 대상으로 일정 기간 이상 회원등록을 하면 연습용 골프 채세트를 사은품으로 제공하여 많은 회원을 모집할 수 있었다. 또 모집한 회원들에게는 1 : 1 레슨이나, 골프와 헬스를 동시에 이용할 수 있는 혜택 등을 제공하여 불황으로 인해 운영까지 어려웠던 스

포츠센터를 활기찬 곳으로 변신시켰다. 첫 번째 성공을 기반으로 하여 그의 도전은 계속 이어졌다. 하나 둘 매장을 늘려나가면서 인테리어도 직접 도전하여 비용을 파격적으로 줄였다. 시설투자가 많이 들어가는 스포츠센터는 부동산과 매우 밀접한 관계가 있다. 투자금을 회수하기 전에 계약이 만료되고 상가를 비워줘야 한다면 난처한 상황에 처할 수밖에 없다. 이 대표도 사업 초기엔 이러한 시행착오를 겪었다. 하지만 한 번의 과오에서 많은 것을 배우고, 다음 도전에는 같은 실수를 반복하지 않기 위해서 노력했다. 과감한 결단력을 이용

프라이어 스크린골프 1호점

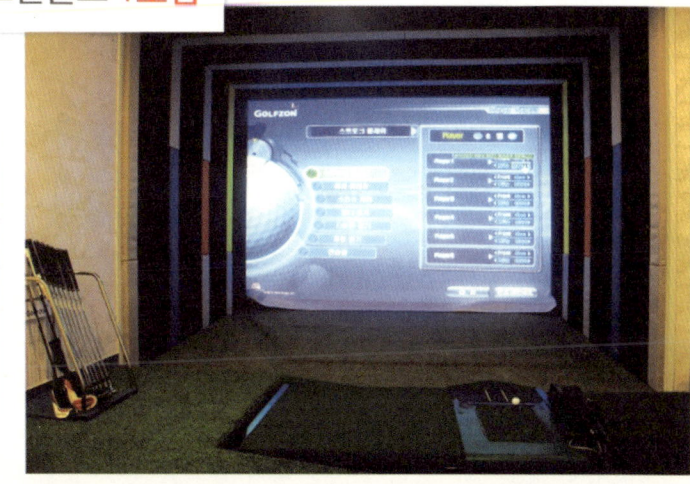

해서 먼저 실행하고, 밀어붙인 일도 많았다.

"지금 생각해보면 무모한 도전도 많았던 것 같습니다. 젊음과 열정을 가지고 도전한 일들이 성공적으로 된 것은 적절한 시기에 행운도 따랐기 때문일 것입니다."

그는 매일 아침 6시에 출근하는 차량에 탑승한다. 운영하고 있는 매장들을 직접 둘러보고 현장에서 직접 관리에 참여하여 매니저들과 의사소통을 한다. 체육대학에서 기른 강인한 체력이 사업에도 많은 도움이 되는 것 같다. 늘 성공가도를 달린 것만은 아니다. 여러 가지

프라이어 휘트니스

사업을 경험하면서 우여곡절이 있었지만, 할 수 있다는 자신감을 가지고 헤쳐 나온 결과 오늘과 같은 날이 왔다고 한다.

구체적인 목표를 가시화하라

이효재 대표가 대학에서 강의를 하는 목적은 여러 가지다. 그중에서도 인상적인 것은 바로 '인재채용'에 관한 부분이다. 대부분의 체육대학 학생들은 유명한 선수가 되지 못하면, 전공과는 다른 것을 배워서 처음부터 다시 시작해야 한다고 이효재 대표는 이야기한다. 그래서 이 대표는 체육대학에서 강의를 할 때 학생들이 확고하고 구체적인 목표를 가지고 도전할 수 있도록 강의한다고 말한다. 대기업의 자본력으로 학교에 커리큘럼을 제시하고 졸업자를 채용하는 시스템이 아닌, 학생들의 마음에 목표의식을 심어주고, 그들도 성공할 수 있다는 자신감을 심어주는 것이다.

무엇보다 강의를 듣는 학생 중에서 자신에게 필요한 인재를 선발한다. 사실 사업자 입장에서는 '구직난'이라는 말이 무색할 정도로 인재를 채용하는 것에 어려움을 겪는다. 자신과 함께 일할 인재를 직접 교육현장에서 찾을 수 있다는 것은 큰 장점이라고 할 수 있다. 무엇보다 자신의 체육전공을 버리고, 다른 분야를 헤매며 전전긍긍해야 하는 학생들 입장에서야 더 좋을 것이 없을 것이다. 그렇게 인연이 되어 이 대표의 회사에 근무하는 직원이 여러 명이다.

"목표를 가시화하고, 무조건 실행부터 했습니다. 문제가 발생하면 수정하는 방법으로 도전하고, 시행착오를 겪으면서 많은 노하우를 얻게 되었습니다. 결국 실행력이 경쟁력을 갖추는 데 많은 역할을 한 것입니다."

목표를 가시화하고, 강한 추진력을 바탕으로 일을 진행한다. 좋은 아이디어가 나오면 바로 실행한다. 그렇게 해서 얻은 노하우가 사업에 많은 도움을 주고 있다. 그리고 가장 중요한 것은 역시 사람이다. 직원들을 행복하게 해줄 수 있어야 한다. 함께 일하는 사람들에게 꿈을 심어주고, 일을 즐길 수 있도록 해주는 것이 가장 중요하다.

"매일 새롭게 태어나 남들과 다르게 생각하고, 즉시 행동하고, 끝까지 실천하여 성취를 맛보자."　　　　　　　　　　－ ㈜프라이어스의 사훈

그는 직영점의 안정적인 운영, 레저스포츠 관련 연계사업, 사옥 건축, 스포츠관련 첫 프랜차이즈로의 도전, 체육관련 대학과의 교류협력 등의 목표를 가지고 오늘도 새벽을 열고 있다.

2. 프랜차이즈는 사명감이다

-㈜천상천하(탁사발, 링팡 도너츠, 와플루쉬 카페)
장우석 대표 이야기

사업 마인드로 당당히 경쟁하라

"7년 넘게 프랜차이즈 사업을 하고 있습니다. 다른 사업도 마찬가지만, 프랜차이즈 사업 또한 사명감이 필요한 일입니다. 프랜차이즈는 끊임없이 긴장을 늦출 수 없는 사업이죠. 많은 일들을 겪으면서 속이 새까맣게 타버린 것 같습니다."

장우석 대표와의 만남은 그가 직영으로 운영하는 카페 '링팡 도너츠'에서 이루어졌다. '탁사발'이라는 브랜드로 잘 알려진 그의 프랜차이즈 업체 ㈜천상천하는 2년 전에 '링팡 도너츠'라는 브랜드를 개발하였고, 최근에는 벨기에식 즉석와플전문점 "와플루쉬"를 론칭했다.

매장에서 직접 글레이징하는 방식으로서 느끼하지 않고 담백한 맛을 낸 것이 특징인 링팡 도너츠는 국내 최초로 현미유를 사용하여 건강까지 생각한 프리미엄도넛이다. 창업자들의 가장 큰 부담인 개설비의 거품을 제거해 누구든지 쉽게 창업할 수 있는 컨셉의 브랜드이다. 비록 토종브랜드이지만 대기업들이 비싼 로열티를 주고 수입한 브랜드들과 차별화를 두는 전략으로 지금은 전국 철도역사와 로드샵 등 50여 개 매장을 운영 중이고 KTX열차 기내식으로 선정되어 납품도 하고 있다. 처음에는 OEM방식으로 도넛을 공급받아 가맹점에 공급을 했지만 신제품 출시와 메뉴개발에 한계를 느껴 2010년에는 성남공단에 하루 10만 개의 도넛을 생산할 수 있는 규모의 도넛공장을 준공했다. 이 또한 제조에서 유통까지의 시스템을 구축해 완벽한 프랜차이즈를 완성하려는 장 대표의 노력의 일환이다. 또 얼마 전 오픈한 "와플루쉬" 매장에서 만들어내는 벨기에 리에주식 와플은 현지 와플보다 더 맛있다고 소문이 나 있을 정도다. "와플루쉬"는 커피와 요거트아이스크림을 바로 테이크아웃할 수 있는 소규모테이크아

웃 전문점이다. 와플 맛이 너무 좋아 고객들이 중독될 정도로 주목
을 받고 있다.

 그가 운영하는 '링팡 도너츠' 직영점을 찾아가 보니 같은 건물 안
마주보고 있는 자리에 경쟁 커피 브랜드가 들어와 있고, 옆 건물 1
층에는 유명 브랜드의 도너츠 매장이 자리 잡고 있었다. 그럼에도 불
구하고 장 대표는 국내 토종 브랜드인 '링팡 도너츠'를 내세워 당당
히 경쟁하고 있는 것이다. 매장의 위치를 선정한 이유에 관해 물었더
니 이렇게 대답했다.

 "어느 곳이든 경쟁이 일어나지 않는 곳은 없습니다. 여기에서 직영
점으로 경쟁해 성공할 수 없다면 프랜차이즈 사업을 접어야 한다고
생각했습니다. 경쟁력을 갖추기 위해서 차별화를 시도하고 변화해야
합니다. 처음엔 특별해 보이는 것들도 시간이 지나면서 변별력을 잃
어가기 마련이지요. 따라서 남들이 모방하지 못하는 것에만 몰두하
기보다는, 스스로 끊임없이 변화를 추구하여 경쟁력을 갖추어나가
야 합니다."

우리나라는 땅도 좁고 시장도 좁다. 따라서 경쟁도 치열하다. 이러한 현실을 빨리 인식하고 그에 맞추어 사업을 진행해야 한다는 단순하지만 명확한 답변이었다. 아직은 조금 생소한 브랜드인 '링팡 도너츠'이지만 장 대표는 추후 해외 진출까지 목표로 삼아 열심히 사업을 펼치고 있다.

프랜차이즈 사업을 하다 보니 힘든 일도 많지만 보람된 일도 많다. 몇 년 전에 주가 폭락으로 인하여 생계까지 어려워진 부부가 장우석 대표를 찾아왔다고 한다. 가처분 소득이 얼마 남지 않은 상태에서 생계를 유지할 수 있는 마지막 방법으로 가맹점을 열고 싶다는 것이었다. 가지고 있는 자본은 많지 않고, 사정은 딱하고, 그래서 도움을 주기로 결심하고 3일을 꼬박 돌아다녀서 비록 후미진 뒷골목이지만 가격대비 괜찮은 점포를 찾았다. 그리고 사업 기획 회의를 하는데 이 부부가 "무조건 사장님만 믿겠습니다."라고 말을 하더라는 것이다. 장우석 대표는 "그렇다면 시작하지 마십시오."라고 딱 잘라 말했다. 창업은 프랜차이즈 본사의 역할보다 가맹점주의 의지에 의해 성패가 좌우되는 일인데, 남만 믿고 할 거라면 아예 시작조차 하지 않는 것이 좋겠다고 직언했다는 것이다. 부부는 새로운 결심을 하고 드디어 사업을 시작했다. 비록 뒷골목 상권이지만 좋은 마인드와 성공에 대한 의지 덕분인지 매장이 크게 번창했고 가맹점은 6년째 그 자리에서 성업 중이다. 이런 가맹점의 성공사례를 접하면 장 대표도 큰 보람을 느낀다고 한다.

점포 입지도 좋고 사업의 진행도 순조롭다. 하지만 조건이 좋고, 입지가 좋다고 무조건 성공하는 것은 아니다. 프랜차이즈 본사가 다 해주리라 믿고 사업을 할 거라면 아예 처음부터 시작하지 않는 편이 좋다고 장 대표는 말한다. 막연한 기대감만을 가지고 있던 창업희망자는 프랜차이즈 본사에 기대하는 바가 매우 크다. 그러나 가장 중요한 것은 본인의 노력이다. 더 정확히 말하자면 사업을 하고자 하는 이의 마인드다. 본인의 노력이 없이는 아무것도 이룰 수 없는 것이다. 어렵게 찾은 좋은 조건의 매장에 프랜차이즈 본사와 가맹점주의 노력이 더해지면 성공 확률이 높아지는 것이다.

프랜차이즈 본사를 운영하면서 가맹점이 성공하는 모습만을 본 것은 아니다. 학교에서도 같은 교과서로, 같은 교사가 가르치더라도 1등에서 꼴등까지 성적이 제각각이기 마련이듯 가맹점도 잘 되는 곳과 안 되는 곳이 나뉘긴 마찬가지다. 같은 재료와 시스템으로 운영하더라도 모두 다르다. 결국 사람이 하는 일이기 때문이다. 원칙을 가지고 운영을 하더라도, 가맹점을 운영하는 사람들이 모두 다르기 때문에 장 대표에게도 가맹점과의 분쟁은 불가피한 문제였다. 하지만 피해갈 수 없는 분쟁일지언정 장 대표는 원칙에 입각해서 해결하려고 노력한다.

프랜차이즈 사업 운영에서 가장 어려운 점이 무엇이냐고 물으니 단 1초의 망설임도 없이 '사람'이라고 대답한다. 프랜차이즈 사업은 제조, 유통, 서비스, 교육 등 거의 모든 분야를 다루어야 하기 때문에 많은 사람들과 관계를 맺는다. 본사의 직원들뿐만 아니라, 가맹점도 내부 사람으로 생각한다. 독립된 사업자이지만 같은 명함을 가지고,

같은 목표를 향해 달려가는 사람들인 것이다. 거기에 다른 부분을 담당하고 있는 파트너의 직원들도 매우 소중한 사람들이다. A라는 제품을 제공하는 파트너가 문을 닫으면, 우리에게는 A라는 서비스가 사라지게 된다. 그렇게 되면 고객들의 불만이 생기고 가맹점이나 본사가 매우 난처한 입장에 처하게 된다. 따라서 본사직원이든 가맹점주든, 가맹점의 직원이나 파트너까지도 서로 좋은 관계를 유지하려 노력해야 한다.

다 같이 잘되는 것이 사업의 진정한 목적이다

'탁사발'은 대한민국 최초로 막걸리라는 전통주를 현대적인 감성과 추억을 되살려 프랜차이즈화한 브랜드다. 기존 민속주점들이 침침하고 어두운 분위기였다면, 탁사발은 70~80년대 사회상을 부각시켜 이 시대를 살아가는 사람들 누구나 추억을 떠올리게 하는 인테리어 컨셉을 재현했다. 고객들이 잠시나마 추억과 감성에 잠길 수 있도록 분위기를 연출한 것이다. 처음 장대표가 탁사발을 오픈할 당시 막걸리는 사람들이 그리 선호하는 술이 아니었다. 지금은 우리 막걸리가 선풍적인 인기를 얻고 해외에까지 수출이 되고 있으니 새삼 그의 선견지명에 놀라게 된다. 탁사발은 우리나라에 막걸리 바람을 일으킨 주역이고, 막걸리 세계화에도 일조했다고 감히 말하고 싶다. 지금은 막걸리주조공장에 투자해 막걸리 생산과 납품도 하고 있다. 제조에서 생산유통까지 그야말로 프랜차이즈의 정석을 보여주고 있는 셈이다.

탁사발의 경우에는 생계형 창업인 경우가 많다. 다시 말해 실패를 하게 되면 심각한 타격을 받는 사람들이 많다는 이야기다. 그런데 상담을 하다 보면 무리를 해서 매장을 늘리고 싶어 하는 사람을 만나기도 한다. 자신이 준비해둔 금액이 1억 5천만 원이고, 대출할 수 있는 금액이 5천만 원이니 매장을 조금 크게 열고 싶다고 욕심을 부리는 것이다. 이런 경우에 장 대표는 오히려 1억 원만 가지고 창업을 하라고 권한다. 5천만 원의 여유자금이 있다면, 그것은 안전한 예금에 저축을 했다가 사업이 번성하면 그때 가서 한 개의 점포를 더 운영해도 늦지 않는다는 것이다. 분산투자란 프랜차이즈 사업에도 적용되는 말이다. 처음부터 무리해서 일을 벌였다가 기대한 것보다 사업이 잘 되지 않을 경우에는 매우 곤란한 상황을 겪을 수 있기 때문이다. 장 대표는 "프랜차이즈 사업은 사명감"이라고 말한다. 그는 프랜차이즈 본사의 사장이지만 단순히 매장을 늘리는 것에 목적이 있는 사람은 아니다. 가맹점이 안정적으로 운영되어 '다 같이 잘되는 것'이 진정한 사업의 목적이라 말한다.

"우리나라에 프랜차이즈 사업이라는 개념이 도입된 건 그리 오래 전 일이 아닙니다. 앞으로 프랜차이즈가 발전한다면 양적인 발전보다 질적인 발전이 이루어지길 바랍니다. 프랜차이즈 관련 전문 인력이 부족한 상황에서 우리나라에 알맞은 시스템과 교육이 이루어지고, 우리나라의 브랜드를 가지고 해외에 진출하여 성공할 수 있기를 희망합니다."

세상에 쉬운 사업은 한 가지도 없다. 겉으로 보이기엔 쉬워 보여도 막상 들여다보면 무수한 어려움이 있기는 마찬가지다. 장우석 대표는 성공한 사람이다. 그에게서는 늘 부드러움과 여유로움이 느껴진다. 하지만 물위에서 아름답게 떠 있기 위해 백조는 물속에서 끊임없이 갈퀴를 움직이고 있다. 목표를 향해 끊임없이 노력하고 자신을 다잡는 그의 모습이 아름답다.

3. 정직함을 넘어선 우직함으로
-지안축산물백화점 이종화 대표 이야기

긍정적인 사고로 열심히 일했다.

축산물백화점을 운영하는 이종화 대표는 인간미 넘치는 사람이다. 삶의 가장 중요한 덕목으로 생각하는 것이 정직과 신용이라고 말한다. 많은 사람들이 하는 말이라도 누가 이야기하느냐에 따라서 느낌은 다르다. 이 대표가 '정직'이라 말할 땐 팥으로 메주를 쑤겠다 해도 믿고 싶어질 정도다. 단지 입에 발린 말이 아닌 오랜 세월 생각으로 행동으로 지켜온 정직함이 그런 아우라를 갖게 한 건 아닐까. 축산물을 판매하는 사람으로서 가장 중요한 점이 바로 정직하게 판매를 하는 일이라고 한다. 너무도 당연하다고 생각되는 일을 꾸준히 실행해온 것이 성공 요인이라고나 할까.

과거엔 식육점, 정육점으로 불리던 축산물백화점은 잘 알다시피 도축된 돼지고기나 소고기 등 식육을 판매하는 상점이다. 사실 보통 사람이 선뜻 창업하기 쉽지 않은 분야이기도 하다. 지안축산물백화점의 이종화 대표는 젊은 시절 백화점 축산물 파트에서 근무를 했다. 처음 축산물백화점을 개업할 때 그의 자본이라곤 '도전정신' 하나뿐이었다. 새내기 창업자다 보니 경험도, 자본도 턱없이 부족했다. 결정적으로 상권 등을 볼 수 있는 안목이 전혀 없었다. 적은 자본에 맞추어 시작하려다 보니 상권이 좋지 않은 곳을 선택할 수밖에 없었다. 입지조건의 약점을 극복하고 꼭 성공하겠다는 오기로 열심히 일했지만 그의 첫 창업은 결국 실패로 돌아가고 말았다. 그 후 그는 다시 취업을 하여 다른 사람의 매장에서 일했다. 무척 힘든 시기였지만 기본기를 다지고 다시 일어서서 원칙에 충실한 경영을 해나갈 수 있는 '공부'라 생각했다.

첫 창업의 고배苦杯를 마신 후 3년 만에 그는 다시 자신의 매장을 열었다. 그리고 정직과 신뢰를 원칙으로 소비자에게 좋은 고기를 공급하려 노력했다. 그 결과 지금은 서울 가락동과 종암동에 직영으로 운영하는 지안축산물백화점으로 자리매김할 수 있었다. 현재 그의 매장의 연매출 규모는 30억 원에 이른다. 사업이 정상궤도에 오르고 나니 직원으로 채용해 함께 일하고 있는 후배들에게 같은 시행착오를 겪게 하면 안 되겠구나 하는 생각이 들었다. 그래서 성심으로 후배들을 9명이나 가르쳐 독립시켰고, 이들 중에도 매장을 두 곳으로 늘려 운영하는 사람이 3명이나 된다. 2011년 현재까지 폐업한 곳이 한 군데도 없다고 한다.

당장의 이해득실에 연연하지 않는다.

정부는 소고기의 유통 과정을 '소고기 이력제'라는 시스템으로 관리하고 있다. 소가 태어나서 어떻게 자라나고, 어디가 아팠으며, 어떤 사료를 먹고 자랐고, 어느 도축장에서 도축이 되었으며, 어떻게 가공되어 식탁에 올라왔는지에 관한 이력을 관리하는 시스템이다. 하지만 도축 이후의 관리는 어떻게 해야 하는가 하는 고민은 남는다. 귀표, 바코드 방식이나 RFID(생산에서 판매에 이르는 전과정의 정보를 초소형 칩에 내장시켜 이를 무선 주파수로 추적할 수 있도록 한 기술)와 같은 방식이 있다고 하더라도, 도축되어 가공된 소고기의 이력을 추적하기 위해서는 DNA검사 등의 방법 밖에는 떠오르는 방법이 없다. 하지만 과연 누가 소고기를 DNA검사 후에 사먹을까? 이러한 맹점을 이용해 속된 말로 '먹을 것을 가지고 장난을 치는' 사람들도 있다. 한우가 아닌 것을 한우라고 속여 유통시킨다 해도 소비자는 알아낼 방법이 없다. 이러한 이유 때문에 축산물 유통에서는 정직이야말로 가장 중요한 덕목이 될 수 있는 것이다. 지안축산물백화점 이종화 대표는 인생에서나 사업에서나 '정직'을 최우선에 둔다. 사람의 귀한 먹을거리 고기를 다루는 일이다. 당장의 이익 때문에 사람을 속이거나 소비자의 신뢰를 저버리는 행위는 그에게 용납될 수 없는 일이다. 이종화 대표의 업장을 찾는 고객들은 일찌감치 이 대표의 이러한 '정직함'을 알아보았다.

축산물 유통에 대한 프랜차이즈도 최근 많이 등장하고 있다. 이대표도 현재 직영점 형태의 매장에 프랜차이즈 시스템을 도입하여 사업을 진행할 것인지 많은 고민을 하고 있다고 한다. 지금까지의 운영은 자신이 직접 후배들을 가르쳐 독립시키던, 일종의 '전수창업' 형태였다. 물론 직원들이 독립을 할 때 창업비용을 받거나 하지는 않았다. 함께 데리고 일하던 직원들이 운영방법을 터득하고, 준비가 되면 자신의 매장을 개점하는 방식이었다. 직영점의 단점은 역시 사람에 관한 문제로 귀결된다. 축산물 가공이라는 것은 육체적 노동을 필요로 하는 일이다. 하지만 좀처럼 힘든 일을 하지 않으려는 사람들이 많기 때문에 함께 일할 사람을 만나는 것이 너무 어렵다고 한다. 단순 소매점이 아닌 시스템을 갖춘 회사로 성장을 시키고 싶은데, 좋은 인재를 채용하지 못하니 현실적으로 어려운 상황이다. 중소기업이나 제조업을 운영하는 사람들과 같은 고민이 축산물 소매점에서도 똑같이 발생하고 있는 것이다.

프랜차이즈 가맹점이 본사 시스템의 도움으로 운영하는 방식이라면, 전수창업이나 위와 같은 방식은 직접 운영방법을 배운 후 창업을 하는 방식이다. 여러 가지 이유로 인하여 프랜차이즈 사업을 하지 않는 곳도 많다. 창업희망자는 프랜차이즈 사업을 하지 않는 곳 중 사업이 번창하는 곳에서 운영 방법을 배워 창업할 수도 있다. 아이템에 따라 전수창업 비용을 지불해야 하는 경우도 있고, 직원으로 일하다가 독립하는 경우도 있다. 물론 직원으로 일을 하다가 독립을 하는 경우는 다니던 곳, 즉 본점과 협의가 이루어져야 한다. 자신의 성향이나 운영능력 등에 따라서 프랜차이즈 가맹점이 아닌 이러한 형태의 창업도 생각하는 것이 바람직하다. 하지만 음식점 등의 경우 전수창업 역시 꺼리는 경우도 많다. 전수창업을 받아간 사람이 그 아이템을 가지고 프랜차이즈 사업을 할 수도 있기 때문이다. 이런 경우에는 전수창업을 해준 곳이 바로 경쟁상대로 변해버리고, 고객이 줄어들어 바로 매출 저하로 이어질 수도 있다. 그리고 반대의 경우 운영이 잘 되지 않으면 이미지까지 실추할 수 있어 전수창업도 쉬운 일은 아니다.

"이것저것 따지지 않고, 열심히 했습니다. 지금 생각해보면 그래서 좀 더 발전할 수 있지 않았나 생각이 듭니다. 어떤 땐 손해가 발생하는 줄도 모르고, 고객을 만족시키는 일에만 집중했습니다. 만약 꼼꼼히 따졌더라면 손해 보는 일은 줄였겠지만, 많은 고객을 놓쳤을 수도 있었겠지요."

좋은 사업의 기회는 좋은 사람을 만나는 것이다. 실패했을 때 다시 일어날 수 있는 원동력은 신뢰통장에 얼마만큼의 신뢰를 저축해두었는지에 달려 있다. 약간 손해를 보는 것이 신뢰를 잃는 것보다는 낫다. 젊은 날 실패를 경험한 후, 이 대표는 지금 당장 손해를 좀 본다 해도 완전히 실패해서 다시 일어서는 것보다 낫다는 사실을 알게 되었다. 이젠 인생의 과정에서 한 번의 실패란 꼭 필요한 것이라는 생각마저 든다고 한다. 지나고 나면 실패의 기억들이 추억이 되지만, 사실 그에게는 아직도 추억이라고 말할 수만은 없는 큰 고통의 기억이다.

새로 창업을 하려고 하는 사람들에게 그는 말한다. "선택의 폭을 넓혀서 생각하라."는 것이다. 자신이 알고 있는 범위 안에서 사업을 시작하되 남들이 선뜻 시작하기 어려워하는 일을 하라는 것이다. 쉽게 시작할 수 있는 아이템일수록 경쟁이 치열한 아이템이라고 생각하면 된다. 어쩌면 다른 사람들이 하기 싫어하는 일을 찾아서 도전하는 것이 기회가 될 수도 있을 것이다

4. 블루오션에 도전하자!
-㈜칼라시대 주형기 대표

남들이 하지 않는 일에 도전하다

'칼라시대'라는 이름을 처음 들으면 뭐 하는 회사인지 쉽게 감이 잡히지 않는다. ㈜칼라시대는 자원의 낭비를 막고 고객들의 시간과 비용을 절감하기 위한 자원 재활용 서비스를 하는 회사이다. 손상된 가죽제품(소파, 자동차시트, 명품가방, 신발 등)을 복원기술로 다시 사용할 수 있도록 재생하는 것이다. 가죽의 경우 고가의 제품들이 많은데 부분적인 손상이 생겼을 때 교체를 하려면 많은 비용과 시간이 필요하다. 이러한 시간과 비용을 줄이기 위해서 세계 46여개국에서 사용하고 있는 기술을 도입하여 국내에서 프랜차이즈 사업을 영위하고 있다.

칼라시대는 주형기 대표가 우연한 기회에 시작하게 된 아이템이다. 건축물 자재를 생산·유통하는 회사에 다니던 그는 출장 차 국제 전시회에 갔다가 우연히 접하게 된 가죽복원 사업에 큰 매력을 느꼈다. 귀국해 젊은 도전정신으로 과감하게 사업을 시작했다고 한다. 국내에서 다른 사람들이 생각지도 못한 분야에 도전해 2011년

12월 현재 전국에 27개의 가맹점이 운영되고 있다. 아이템의 특성상 기술전수가 필수적이며, 복원을 위한 재료의 유통을 기반으로 하고 있다.

복원 기술은 소파와 자동차시트 등의 가죽제품에만 국한하는 것은 아니다. 플라스틱에도 적용할 수 있어서 다양한 활용이 가능하다. 예를 들면 비행기 좌석 뒤에 붙어 있는 밀테이블의 복원이나 비행기 좌석의 팔걸이 등에도 적용시킬 수 있다. 병원의 대기의자는 많은 사람들이 사용하기 때문에 쉽게 손상이 되는데, 병원입장에서는 이를 교체하는 데도 많은 시간과 비용이 든다. 또 교체가 가능하도록 항상 물량을 확보해야 하는 번거로움이 있는데, 복원기술을 이용하면 기술자가 찾아가서 약 1시간의 작업으로 재사용이 가능하니

시간과 비용을 단축시킬 수 있는 셈이다. 가죽의 경우 트거나 갈라진 표면을 복원하고, 무늬나 톤까지 복원할 수 있다. 회사의 이름이 칼라시대인 것이 바로 색깔을 비슷하게 맞출 수 있기 때문이라고 한다. 원천기술을 가지고 있는 회사는 컬러 글로 인터내셔널Color Glo International이라고 한다.

요식업 분야의 창업이 포화상태인 프랜차이즈 시장에서 비교적 소자본으로 시작할 수 있는 ㈜칼라시대의 복원기술 아이템은 분명 새로운 도전이라고 할 수 있다. 복원재료의 유통 구조는 기존의 프랜차이즈 사업의 유통방식과 비슷하지만, 기술전수를 통한 프랜차이즈 가맹점 전개라는 점이 아이템에 특별함을 부여한다. 점포가 없어도 창업이 가능하다는 점이 소자본 창업을 고민하는 사람에게 매력적인 요소인 만큼 프랜차이즈 본사 입장에서는 열정적인 가맹점주를 만나야 하는 것이 숙제라고 말한다. 결국 사람이 하는 일이라서 서비스 정신과 기술력을 꾸준히 교육시켜야 한다.

그는 프랜차이즈 사업가치고는 독특한 꿈을 지녔다. "개인적으로는 작가가 되는 것이 꿈입니다. 회사의 일은 제가 잘할 수 있는 일을 하는 것입니다. 하지만 행복한 삶을 살기 위해서는 제가 가장 좋아하고, 꼭 하고 싶은 일을 해야 한다고 생각합니다." 프랜차이즈 사업에서 성공한 주 대표가 언젠가는 작가로도 성공하기를 기대해본다.

"단순하게 서비스만을 제공하는 회사가 아닌, 좋은 제품을 생산하여 판매까지 할 수 있는 것이 목표입니다. 고가의 물건을 복원시

키는 기술자들이 자신있게 권할 수 있는 제품을 생산하고 가맹점 주들에게도 새로운 아이템을 판매하여 좀 더 높은 수익을 가져갈 수 있기를 희망합니다. 서비스 마인드와 마케팅에 대한 긍정적인 인식을 가진 사람과 만나는 것이 계속 풀어나가야 할 숙제인 것 같습니다."

모든 사업이 마찬가지지만, 기술전수를 통한 프랜차이즈 사업에서는 시스템보다 사람이 더욱 중요하다. 좋은 사람들을 만나서 블루오션을 멋지게 항해하는 모습을 기대해본다.

5. 밀집지역! 확장으로 고객을 사로잡다

-용두동 임오네 쭈꾸미

　용두동쭈꾸미는 신림동 순대, 신당동 떡볶이처럼 일종의 고유명사로 사용되고 있다. 쭈꾸미에 매운 양념을 하여 감칠맛이 나는 용두동 임오네 쭈꾸미(이모네에서 얼마 전 임오네라는 상호로 변경하였다)는 많은 사랑을 받고 있다. 음식점은 일단 '음식이 맛있어야 한다'는 원칙을 매우 잘 지키고 있는 것이다. 고객들의 인식 속에 긍정적으로 자리 잡은 밀집지역에서 영업을 하는 것은 장단점이 있다. 쉽게 생각할 수 있는 장점은 고객이 찾아올 확률이 높다는 것이고, 단점은 같은 아이템으로 치열하게 경쟁을 해야 한다는 것이다. 특정 아이템이 밀집되어 있는 곳에 가보면 잘 되는 곳은 사람들이 넘치는데, 잘 되지 않는 곳은 손님이 거의 없다. 춘천닭갈비 골목을 방문했을 때에도 이와 같은 현상을 볼 수 있었다. 같은 아이템으로 사업을 하는 곳인데 고객이 많은 곳과 그렇지 못한 곳은 왜 그런 차이를 보일까? 음식의 맛이 그렇게 많이 차이가 날까? 그렇지 않을 것이다. 고객들의 생각 속에는 '잘 되는 집은 분명히 이유가 있을 거야' '잘 되는 곳은 재료가 신선할 거야' '잘 되는 곳은 서비스가 좋겠지' 등 많은 생각이 떠오를 것이다. 시장은 고객의 생각 속에 있다고 이야기한 것도 이와 같은 이유 때문이다.

밀집지역의 치열한 경쟁 속에서 제3의 경쟁자를 늘리는 것보다 자신이 운영하는 매장을 늘리는 방법이 있다. 투자비용이 만만치 않기 때문에 이러한 전략은 성업 중인 가게에서 매장을 확장하는 형태로

도전하는 것이 바람직하다. 이러한 전략을 사용하고 싶은데, 투자비용이 부담스러운 경우에는 본점과 상표와 원재료 공급에 대한 계약을 체결하고 근처에 개점을 할 수도 있다. 밀집지역에서는 영업지역에 대한 정의가 다르다는 것을 알 수 있다. 직영점을 늘리는 형태가 아닌 다른 사람에게 상표와 원재료를 사용하는 것은 잘못하면 고객을 빼앗기는 형태가 될 수도 있다. 따라서 이러한 전략은 본점의 지인이 영업을 희망할 경우 개점을 허락하는 것이 분쟁을 줄일 수 있는 방법이라고 할 수 있다. 만약 자신의 영업장에 여유 자리가 없는 경우 경쟁사로 갈 수 있는 고객을 2호점이나 3호점으로 안내할 수 있는 장점이 있기 때문이다. 그리고 '새로 개점한 곳에 더욱 많은 손님이 찾아가면 어떻게 하나?'라는 생각을 할 수 있는데, 원재료를 공급하여 이윤을 확보할 수 있기 때문에 무조건 손해를 보는 것은 아니다. 다시 말하면, 본점은 원재료 공급이라는 유통을 가지고 있어서 영업이익 외에 유통이익을 생각할 수 있고, 가맹점은 영업이익을 통해서 사업을 영위하는 것이라고 생각하면 된다. 이러한 형태는 프랜차이즈 본사가 유통마진을 통하여 수익을 창출하는 방법과 동일하다.

'음식점을 운영하는 일은 절대 만만한 일이 아니다. 치열한 경쟁과 운영에 관한 세세한 부분까지 신경을 써야 하고, 고객들의 생각 속에 자리 잡고 있는 긍정적인 이미지를 유지하기 위한 꾸준한 노력도 필요하다.'

6. 글로벌 브랜드의 프랜차이즈
-한국피자헛유한회사 윤태웅 차장

국내에서는 다소 생소하게 들리는 YUM이라는 회사는 피자헛을 포함하여 전 세계 100여개국에 37,000여개의 레스토랑을 운영하는 글로벌 기업이다. YUM의 브랜드 중에서도 국내에서는 피자헛, 타코벨, KFC 등이 인지도가 높다. YUM이 보유한 여러 브랜드 중 하나인 피자헛은 한국피자헛유한회사를 통하여 한국에서 사업을 영위하고 있다. 선진국의 운영시스템과 현지에 맞는 전략개발을 통하여 인정적인 시장을 확보하고 있는 브랜드로, 직영점만이 아니라 가맹점을 통한 사업도 전개하고 있다.

YUM의 최대 강점은 바로 매뉴얼이다. 프랜차이즈 시스템의 역사가 오래된 만큼 많은 시행착오를 겪으며, 여러 나라의 다양한 환경에 따른 시스템이 개발되었다. 프랜차이즈 시스템에서 매뉴얼은 효율성, 통일화, 차별화, 소통의 도구 등으로 이용된다. 세계 어느 나라에 가더라도 비슷한 분위기를 유지하고 있는 브랜드가 있다면 그 힘은 매뉴얼에서 나오는 것이다. 매뉴얼은 통일된 브랜드 이미지를 유지시키고, 효율적인 업무를 수행하기 위한 일종의 약속이다.

　프랜차이즈 사업에서만이 아니라 일반 기업에서도 매뉴얼의 중요성은 매우 높다. 예를 들면 매년 고정적으로 해야 하는 업무가 있는 경우 이것을 매뉴얼로 만들어두고 시행을 하는 경우와 그렇지 않은 경우는 효율성 측면에서 많은 차이가 발생한다. 특히 담당자가 변경된 경우, 인수인계가 제대로 이루어지지 않는다면 업무의 단절현상이 매우 심하게 일어난다. 필자는 실제로 소프트웨어에 관한 신고 업무를 수행했을 때 매뉴얼 유무에 따른 소요시간을 비교해보았다. 매뉴얼이 없는 경우에는 담당자 변경으로 인하여, 우편으로 신고누락 통

보를 받은 후 어디에 신고를 해야 하는지부터 출발하여, 웹사이트의 아이디와 패스워드를 알아보기 위하여 사업자등록증 사본을 팩스로 보내고, 임시로 발급받은 패스워드로 들어가서 어떤 서류를 준비해서 입력을 하고, 누구에게 보내야 하는지 등을 모두 알아보면서 업무를 처리해야 했다. 총소요시간은 약 3시간 정도. 다음 번 수고를 덜기 위해 신고절차와 필요한 사항 및 사이트 주소, 아이디, 담당자, 연락처 등을 모두 기록해 매뉴얼을 만들었다. 1년 후 같은 업무를 새로운 직원이 수행해보니 약 20분 정도가 소요되었다.

피자헛은 이러한 매뉴얼이 매우 세밀한 부분까지 준비가 되어 있다. 소통을 위한 교육프로그램도 점주나 직원들에게 수행하는 교육이 각각 다르게 존재한다. 사람의 행동을 끊임없이 연구하고, 효율적인 대안을 마련하기 위해 노력한 흔적이 보인다. 매뉴얼의 종류와 목적도 무척 다양하다. 브랜드 이미지 유지 및 관리를 위해서 매뉴얼은 꾸준히 진화한다고 할 수 있다. 매뉴얼뿐만 아니라 업무효율을 높이고 가맹점주들에게 편의를 제공하기 위한 시스템도 계속적으로 진화한다. 피자라는 아이템의 특성상 광고 홍보가 많이 필요하다. 동일한 브랜드를 사용할 수 있다고 하더라도 지역적인 영업의 특성상 가맹점주가 지역에 알맞은 광고홍보물을 준비해야 하는 경우가 있는데, 이러한 부분까지도 시스템 개발을 통하여 효율적으로 주문하고 관리할 수 있도록 구현했다. 이를 통해서 점주들은 비용과 소요시간을 줄일 수 있다. 가맹점과 본사가 함께 잘될 수 있도록 새로운 아이디어에도 도전하는 모습이 인상적이었다.

피자헛은 로열티(본사와 가맹점의 약정을 통하여 매출의 일정금액을 본사가 가져가는 것)를 기반으로 본사의 수익을 창출한다. 국내 브랜드는 아직 로열티 기반으로 수익을 창출하는 기업이 많지 않은 것과 비교해 매우 다른 운영전략을 수립할 수 있다. 본사는 본사의 업무에 집중하여 예산을 편성하여 가맹점주와 Win-Win할 수 있는 전략을 수립할 수 있다. 우리나라에서 피자헛 광고나 홍보물은 자주 접할 수 있는데 이러한 이유가 바로 로열티 기반의 수익구조로 별도의 예산을 수립할 수 있기 때문이다. 한국피자헛유한회사 윤태웅 차장은 말한다.

"프랜차이즈 시스템의 역사가 오래된 기업에서 긍정적인 부분을 도입해 국내의 프랜차이즈 브랜드도 로열티 기반의 수익구조를 확립할 수 있었으면 좋겠습니다. 그렇게 하려면 먼저 가맹점에 관한 입장을 제대로 이해하고, 계약 전부터 서로에 관한 이해가 충분히 이루어져야 합니다. 오래도록 유지되는 가맹점이 많다는 것은 본사와 가맹점의 관계를 파악하는 중요한 기준이 될 수 있을 것입니다."

마치며

　프랜차이즈를 통한 창업을 시작하기 전에 알아야 할 사항들에 대해서 간단하게 살펴보았다. 다른 모든 사업들과 마찬가지로 프랜차이즈를 통한 창업에도 많은 어려움이 따른다. 지금까지 언급한 내용을 다시 한 번 정리하면 첫째, 자신에게 맞는 아이템을 선택하여 창업을 하라는 것. 둘째, 창업하기 전 부단히 공부를 해야 한다는 것. 셋째, 자신이 해오던 일, 즉 자신이 잘 알고 있는 범위 내에서의 창업을 시도하라는 것. 넷째, 프랜차이즈를 통한 창업은 성공을 보장하지 않으니 분홍빛 꿈은 버리라는 것. 다섯째, 프랜차이즈 사업에서 가장 중요한 것은 사람이라는 것이다.

　프랜차이즈를 통한 창업뿐만 아니라 거의 모든 서비스 관련 창업 분야의 경쟁은 매우 치열하다. 인구가 줄고, 베이비붐 세대의 은퇴 등으로 인한 수요는 점점 줄어드는 현실이다. 최근 들어 고학력자들이 늘면서 경제의 근간을 이루고 있는 농축수산물 산업이나, 제조업 관련 분야에 도전하는 사람들이 점점 줄어들고 있다. 흔히 말하는 3D(어려운-Difficult, 더러운-Dirty, 위험한-Dangerous)산업이라고 하는 분야는 기피대상이 되고 있는 것이다. 경제의 기반이 되는 생산관련 분야에도 관심을 돌려보길 바란다. 앞으로의 경제상황이 어떻게 변할지는 예측할 수 없지만, 남들이 하기 싫어하는 곳에 기회가 있을지도 모른다.

동네 슈퍼마켓도 대기업과 경쟁해야 하는 현실이다. 개인이 창업하여 경쟁하는 것은 점점 더 어려워지고 있다. 식당, 세탁소, 안경점, 빵집, 커피숍, 병원, 정육점, 슈퍼마켓, 편의점, 학원, 스포츠센터, PC방, 미용실, 자동차정비소 등 거의 모든 서비스업의 형태가 프랜차이즈 시스템화 되어가고 있다. 앞으로 우리가 미처 생각지도 못한 분야에서 프랜차이즈 시스템을 도입하는 사례가 늘어날 것이다. 또 마케팅이나 운영에 관한 부분을 시스템의 도움을 받아 경쟁하는 것이 혼자서 사업을 하는 것보다 낫기 때문에 앞으로도 프랜차이즈를 통한 창업에 지속적인 관심이 모아질 것이다.

프랜차이즈 관련된 사업에서도 사람이 가장 중요하다. 좋은 브랜드와 안정된 시스템 외에도 본사, 가맹점, 거래처, 고객 등 사람이 없으면 안 되는 일이니 만큼 의사소통 능력은 프랜차이즈 사업에서도 매우 중요한 능력이다. 그 중에서도 함께 일할 좋은 동료를 만나는 것이 가장 중요하다. 개인이 지닌 역량의 한계와 시간적인 제약으로 인해 같은 비전을 가지고 달려갈 멋진 동료가 필요한 것이다. 사람을 이해하기 위해서는 인문학 공부와 역사 공부가 많은 도움이 된다. 인문학은 현상이 아닌 본질을 들여다보는 안목을 키워준다. 또 지난 역사, 즉 과거를 통해 현재와 미래를 점칠 수 있는 혜안도 갖게 해준다. 인문학적 배경지식은 이 분야의 끊임없는 독서를 통해 키워

갈 수 있을 것이다. 환경은 변하더라도 인간의 본질은 쉽게 변하지 않는다. 과거의 이야기를 통해 현재를 들여다보는 것도 중요하다. 사업을 하다 보면 크고 작은 문제들이 많이 발생한다. 문제를 일으키는 것도 사람이요, 문제를 해결하는 것도 사람의 몫이다. 어떤 일이든 자신을 먼저 돌아보는 습관을 키우기를 바란다.

수상록중에서

어떠한 바람도 목적하는 항구를 갖지 않은 자에게는 무익하다.

전생애를 통하여 변치 않는 확고한 마음가짐이야말로 기적이라고 해야 할 것이다.

마음의 밑바닥에서부터 부덕한 인간은 조금도 두려워하지 않고 언제든 부덕을 행할 수 있을지는 모르지만 저 즐거운 만족은 도저히 가질 수 없다.

나는 내가 행하는 것을 언제나 전력을 다해서 한다.

끝나 버린 일은 그것이 어떠한 것이었던 간에 나는 거의 후회하지 않는다.

부는 수입에서보다도 알뜰함에서 온다.

안정되지 못한, 허기진 듯한, 분주한 부자는 여느 가난뱅이보다도 한층 비참하다고 나는 생각한다.

타인의 선량함을 믿는다는 것은 그 사람 자신이 선량하다는 작지 않은 증거이다.

재산이 모이건 흩어지건 그 때문에 하등의 구애도 받지 않고 그보다도 훨씬 어울리는 조용한, 더구나 자기 마음에 맞는 다른 일에 힘쓰고 있는 사람이야말로 진정으로 행복한 것이다.

부덕에 대하여 우리가 그토록 그지없이 분을 참지 못하는 것은 인간의 영혼을 침범하는 가장 공허하고 광포한 병, 즉 질투심때문이다.

이러한 질투심과 그 자매가 되는 부러움은 둘 다 인간의 미혹迷惑 중에서도 가장 비열한 것이라 생각된다.

그대는 자연의 보편적인, 의심할 여지도 없는 법칙을 위반하는 것은 조금도 두려워하지 않고 부분적인, 변덕스러운 인간의 법률에 매달린다.

진심이라든가 변치않는 마음이라든가 하는 것은 희귀한, 관철하기 어려운 덕이다.

아직껏 두 사람이 동일한 것을 똑같이 판단한 예가 없다. 유사한 두 가지 의견을 정확히 보는 것은 불가능하다. 그것은 다른 사람사이에서만이 아니고, 때를 달리하면 같은 한 사람에게도 불가능하다.

우리는 사물을 해석하는 것보다도 해석을 해석하는데 바쁘고 어떤 주제에 관한 책보다도 책에 관한 책을 더 많이 가지고 있다. 즉, 우리는 주해를 다는 짓만 하고 있다. 주해자는 우글우글하지만 저자는 극히 드물다.

순박하고 순수한 진실은 어떤 시대에나 적용되고 받아들여진다. 더구나 조금도 자신의 이익을 생각지 않고 행동할 경우에는 자유로움, 솔직함도 의심을 받거나 증오를 사거나 하는 일은 거의 없다.

몽테뉴

부록

법률 정보 안내

법률은 개정될 수 있음으로 항상 최신 법률을 살펴보아야 합니다. 법률지식정보시스템(http://likms.assembly.go.kr/law/)을 이용하여 최신 정보를 확인하시면 도움이 됩니다.

목록

제1장 (총칙)

제1조 (목적)

제2조 (정의)

제3조 (적용배제)

제2장 (가맹사업거래의 기본원칙)

제4조 (신의성실의 원칙)

제5조 (가맹본부의 준수사항)

제6조 (가맹점사업자의 준수사항)

제3장 (가맹사업거래의 공정화)

제6조의2 (정보공개서의 등록 등)

제42조 (양벌규정)

제43조 (과태료)

제44조 (고발)

부칙 〈제6704호, 2002.5.13〉

부칙 〈제7109호, 2004.1.20〉

부칙 (독점규제및공정거래에관한법률) 〈제7315호, 2004.12.31〉

부칙 (국가공무원법) 〈제7796호, 2005.12.29〉

부칙 〈제8630호, 2007.8.3〉

부칙 〈제10168호, 2010.3.22〉

가맹사업거래의 공정화에 관한 법률

*일부개정 2010.3.22 법률 제10168호

*출처-법률정보지식시스템

*법률은 개정될 수 있으니 최신 법률을 꼭 확인하시길 바랍니다.

*법률정보지식시스템에서는 법령, 시행령, 판례 등의 정보를 조회할 수 있습니다.

제1장 총칙

제1조(목적) 이 법은 가맹사업의 공정한 거래질서를 확립하고 가맹본부와 가맹점사업자가 대등한 지위에서 상호보완적으로 균형 있게 발전하도록 함으로써 소비자 복지의 증진과 국민경제의 건전한 발전에 이바지함을 목적으로 한다.

제2조(정의) 이 법에서 사용하는 용어의 정의는 다음과 같다.〈개정 2007.8.3〉

1. "가맹사업"이라 함은 가맹본부가 가맹점사업자로 하여금 자기의 상표·서비스표·상호·간판 그 밖의 영업표지(이하 "영업표지"라 한다)를 사용하여 일정한 품질기준이나 영업방식에 따라 상품(원재료 및 부재료를 포함한다. 이하 같다) 또는 용역을 판매하도록 함과 아울러 이에 따른 경영 및 영업활동 등에 대한 지원·교육과 통제를 하며, 가맹점사업자는 영업표지의 사용과 경영 및 영업활동 등에 대한 지원·교육의 대가로 가맹본부에 가맹금을 지급하는 계속적인 거래관계를 말한다.

2. "가맹본부"라 함은 가맹사업과 관련하여 가맹점사업자에게 가맹점운영권을 부여하는 사업자를 말한다.

3. "가맹점사업자"라 함은 가맹사업과 관련하여 가맹본부로부터 가맹점운영권을 부여받은 사업자를 말한다.

4. "가맹희망자"란 가맹계약을 체결하기 위하여 가맹본부나 가맹지역본부와 상담하거나 협의하는 자를 말한다.

5. "가맹점운영권"이란 가맹점사업자가 가맹본부의 가맹사업과 관련하여 가맹점을 운영할 수 있는 계약상의 권리를 말한다.

6. "가맹금"이란 명칭이나 지급형태가 어떻든 간에 다음 각 목의 어느 하나에 해당하는 대가를 말한다. 다만, 가맹본부에 귀속되지 아니하는 것으로서 대통령령으로 정하는 대가를 제외한다.

가. 가입비·입회비·가맹비·교육비 또는 계약금 등 가맹점사업자가 영업

표지의 사용허락 등 가맹점운영권이나 영업활동에 대한 지원·교육 등을 받기 위하여 가맹본부에 지급하는 대가

나. 가맹점사업자가 가맹본부로부터 공급받는 상품의 대금 등에 관한 채무액이나 손해배상액의 지급을 담보하기 위하여 가맹본부에 지급하는 대가

다. 가맹점사업자가 가맹점운영권을 부여받을 당시에 가맹사업을 착수하기 위하여 가맹본부로부터 공급받는 정착물·설비·상품의 가격 또는 부동산의 임차료 명목으로 가맹본부에 지급하는 대가

라. 가맹점사업자가 가맹본부와의 계약에 의하여 허락받은 영업표지의 사용과 영업활동 등에 관한 지원·교육, 그 밖의 사항에 대하여 가맹본부에 정기적으로 또는 비정기적으로 지급하는 대가로서 대통령령으로 정하는 것

마. 그 밖에 가맹희망자나 가맹점사업자가 가맹점운영권을 취득하거나 유지하기 위하여 가맹본부에 지급하는 모든 대가

7. "가맹지역본부"라 함은 가맹본부와의 계약에 의하여 일정한 지역 안에서 가맹점사업자의 모집, 상품 또는 용역의 품질유지, 가맹점사업자에 대한 경영 및 영업활동의 지원·교육·통제 등 가맹본부의 업무의 전부 또는 일부를 대행하는 사업자를 말한다.

8. "가맹중개인"이라 함은 가맹본부 또는 가맹지역본부로부터 가맹점사업자를 모집하거나 가맹계약을 준비 또는 체결하는 업무를 위탁받은 자를 말한다.

9. "가맹계약서"라 함은 가맹사업의 구체적 내용과 조건 등에 있어

가맹본부 또는 가맹점사업자(이하 "가맹사업당사자"라 한다)의 권리와 의무에 관한 사항(특수한 거래조건이나 유의사항이 있는 경우에는 이를 포함한다)을 기재한 문서를 말한다.

10. "정보공개서"란 다음 각 목에 관하여 대통령령으로 정하는 사항을 수록한 문서를 말한다.

가. 가맹본부의 일반 현황

나. 가맹본부의 가맹사업 현황(가맹점사업자의 매출에 관한 사항을 포함한다)

다. 가맹본부와 그 임원(「독점규제 및 공정거래에 관한 법률」 제2조 제5호에 따른 임원을 말한다. 이하 같다)이 이 법 또는 「독점규제 및 공정거래에 관한 법률」을 위반한 사실, 사기·횡령·배임 등 타인의 재산을 영득 또는 편취하는 죄에 관련된 민사소송에서 패소의 확정판결을 받았거나 민사상 화해를 한 사실, 사기·횡령·배임 등 타인의 재산을 영득 또는 편취하는 죄를 범하여 형을 선고받은 사실

라. 가맹점사업자의 부담

마. 영업활동에 관한 조건과 제한

바. 가맹사업의 영업 개시에 관한 상세한 절차와 소요기간

사. 교육·훈련에 대한 설명(교육·훈련계획이 있는 경우에 한한다)

제3조(적용배제) 이 법은 다음 각 호의 1에 해당하는 경우에는 적용하지 아니한다. 다만, 제9조 및 제10조의 규정의 경우에는 그러하지 아니하다.

1. 가맹점사업자가 가맹금의 최초 지급일부터 6월까지의 기간 동안 가맹본부에게 지급한 가맹금의 총액이 대통령령이 정하는 금액을 초과하지 아니하는 경우

2. 가맹본부의 연간 매출액이 대통령령이 정하는 일정규모 미만인 경우

제2장 가맹사업거래의 기본원칙

제4조(신의성실의 원칙) 가맹사업당사자는 가맹사업을 영위함에 있어서 각자의 업무를 신의에 따라 성실하게 수행하여야 한다.

제5조(가맹본부의 준수사항) 가맹본부는 다음 각 호의 사항을 준수한다.

1. 가맹사업의 성공을 위한 사업구상

2. 상품이나 용역의 품질관리와 판매기법의 개발을 위한 계속적인 노력

3. 가맹점사업자에 대하여 합리적 가격과 비용에 의한 점포설비의 설치, 상품 또는 용역 등의 공급

4. 가맹점사업자와 그 직원에 대한 교육·훈련

5. 가맹점사업자의 경영·영업활동에 대한 지속적인 조언과 지원

6. 가맹계약기간중 가맹점사업자의 영업 지역 안에서 자기의 직영점을 설치하거나 가맹점사업자와 유사한 업종의 가맹점을 설치하는 행위의 금지

7. 가맹점사업자와의 대화와 협상을 통한 분쟁해결 노력

제6조(가맹점사업자의 준수사항) 가맹점사업자는 다음 각 호의 사항을 준수한다.

1. 가맹사업의 통일성 및 가맹본부의 명성을 유지하기 위한 노력

2. 가맹본부의 공급계획과 소비자의 수요충족에 필요한 적정한 재고유지 및 상품진열

3. 가맹본부가 상품 또는 용역에 대하여 제시하는 적절한 품질기준의 준수

4. 제3호의 규정에 의한 품질기준의 상품 또는 용역을 구입하지 못하는 경우 가맹본부가 제공하는 상품 또는 용역의 사용

5. 가맹본부가 사업장의 설비와 외관, 운송수단에 대하여 제시하는 적절한 기준의 준수

6. 취급하는 상품·용역이나 영업활동을 변경하는 경우 가맹본부와의 사전 협의

7. 상품 및 용역의 구입과 판매에 관한 회계장부 등 가맹본부의 통일적 사업경영 및 판매전략의 수립에 필요한 자료의 유지와 제공

8. 가맹점사업자의 업무현황 및 제7호의 규정에 의한 자료의 확인과 기록을 위한 가맹본부의 임직원 그 밖의 대리인의 사업장 출입허용

9. 가맹본부의 동의를 얻지 아니한 경우 사업장의 위치변경 또는 가맹점운영권의 양도 금지

10. 가맹 계약 기간 중 가맹본부와 동일한 업종을 영위하는 행위의

금지

11. 가맹본부의 영업기술이나 영업비밀의 누설 금지

12. 영업표지에 대한 제3자의 침해사실을 인지하는 경우 가맹본부에 대한 영업표지침해사실의 통보와 금지조치에 필요한 적절한 협력

제3장 가맹사업거래의 공정화

제6조의2(정보공개서의 등록 등) ①가맹본부는 가맹희망자에게 제공할 정보공개서를 공정거래위원회에 등록하여야 한다. 등록한 정보공개서를 변경하려는 경우에도 또한 같다. 다만, 대통령령으로 정하는 경미한 사항을 변경하려는 경우에는 신고하여야 한다.

②공정거래위원회는 제1항에 따라 등록하거나 신고한 정보공개서를 공개할 수 있다.

③공정거래위원회는 제2항에 따라 정보공개서를 공개하는 경우 당해 가맹본부에 공개하는 내용과 방법을 미리 통지하여야 하고, 사실과 다른 내용을 정정할 수 있는 기회를 주어야 한다.

④공정거래위원회는 제2항에 따라 정보공개서를 공개하기 위하여 예산의 범위 안에서 가맹사업정보제공시스템을 구축·운용할 수 있다.

⑤그 밖에 정보공개서의 등록, 변경등록, 신고 및 공개의 방법과 절차는 대통령령으로 정한다.

[본조신설 2007.8.3]

제6조의3(정보공개서 등록의 거부 등) ①공정거래위원회는 제6조의2

에 따라 등록을 신청한 정보공개서나 그 밖의 신청서류에 거짓이 있거나 필요한 내용을 적지 아니한 경우에는 정보공개서의 등록을 거부하거나 그 내용의 변경을 요구할 수 있다.

②공정거래위원회는 정보공개서의 등록을 하였을 때에는 신청인에게 등록증을 내주어야 한다.

[본조신설 2007.8.3]

제6조의4(정보공개서 등록의 취소) 공정거래위원회는 정보공개서가 제1호에 해당하는 경우에는 그 등록을 취소하여야 하며, 제2호에 해당하는 경우에는 등록을 취소할 수 있다.

1. 거짓이나 그 밖의 부정한 방법으로 정보공개서가 등록된 경우

2. 제2조제10호 각 목의 기재사항 중 대통령령으로 정하는 중요한 사항(이하 "중요사항"이라 한다)이 누락된 경우

[본조신설 2007.8.3]

제6조의5(가맹금 예치 등) ①가맹본부는 가맹점사업자(가맹희망자를 포함한다. 이하 이 조, 제15조의2 및 제41조제3항제1호에서 같다)로 하여금 가맹금(제2조제6호가목 및 나목에 해당하는 대가로서 금전으로 지급하는 경우에 한하며, 계약체결 전에 가맹금을 지급한 경우에는 당해 가맹금을 포함한다. 이하 "예치가맹금"이라 한다)을 대통령령으로 정하는 기관(이하 "예치기관"이라 한다)에 예치하도록 하여야 한다. 다만, 가맹본부가 제15조의2에 따른 가맹점사업자피

해보상보험계약 등을 체결한 경우에는 그러하지 아니하다.

②예치기관의 장은 가맹점사업자가 예치가맹금을 예치한 경우에는 예치일부터 7일 이내에 그 사실을 가맹본부에 통지하여야 한다.

③가맹본부는 다음 각 호의 어느 하나에 해당하는 경우에는 예치기관의 장에게 대통령령으로 정하는 바에 따라 예치가맹금의 지급을 요청할 수 있다. 이 경우 예치기관의 장은 10일 이내에 예치가맹금을 가맹본부에 지급하여야 한다.

1. 가맹점사업자가 영업을 개시한 경우

2. 가맹계약 체결일부터 2개월이 경과한 경우. 다만, 2개월이 경과하기 전에 가맹점사업자가 제5항제1호부터 제3호까지의 규정 중 어느 하나에 해당하는 조치를 취한 사실을 예치기관의 장에게 서면으로 통보한 경우에는 그러하지 아니하다.

④가맹본부는 거짓이나 그 밖의 부정한 방법으로 예치가맹금의 지급을 요청하여서는 아니 된다.

⑤예치기관의 장은 제1호부터 제3호까지의 규정 중 어느 하나에 해당하는 경우에는 제24조에 따른 가맹사업거래분쟁조정협의회의 조정이나 그 밖의 분쟁해결의 결과(이하 "분쟁조정 등의 결과"라 한다) 또는 제33조에 따른 공정거래위원회의 시정조치가 확정될 때(공정거래위원회의 시정조치에 대하여 이의신청이 제기된 경우에는 재결이, 시정조치나 재결에 대하여 소가 제기된 경우에는 확정판결이 각각 확정된 때를 말한다. 이하 이 조에서 같다)까지 예치가맹금의 지급을 보류하여야 하고, 제4호에 해당하는 경우에는 예치가맹금의 지급요청

을 거부하거나 가맹본부에 그 내용의 변경을 요구하여야 한다.

1. 가맹점사업자가 예치가맹금을 반환받기 위하여 소를 제기한 경우

2. 가맹점사업자가 예치가맹금을 반환받기 위하여 알선, 조정, 중재 등을 신청한 경우

3. 가맹점사업자가 제10조의 위반을 이유로 가맹본부를 공정거래위원회에 신고한 경우

4. 가맹본부가 제4항을 위반하여 거짓이나 그 밖의 부정한 방법으로 예치가맹금의 지급을 요청한 경우

⑥예치기관의 장은 가맹본부 또는 가맹점사업자가 분쟁조정 등의 결과나 시정조치 결과를 첨부하여 예치가맹금의 지급 또는 반환을 요청하는 경우 요청일부터 30일 이내에 그 결과에 따라 예치가맹금을 가맹본부에 지급하거나 가맹점사업자에게 반환하여야 한다.

⑦예치기관의 장은 가맹점사업자가 가맹본부의 동의를 받아 예치가맹금의 반환을 요청하는 경우에는 제5항 및 제6항에도 불구하고 요청일부터 10일 이내에 예치가맹금을 가맹점사업자에게 반환하여야 한다.

⑧그 밖에 가맹금의 예치 등에 관하여 필요한 사항은 대통령령으로 정한다.

[본조신설 2007.8.3]

제7조(정보공개서의 제공의무 등 〈개정 2007.8.3〉) ①가맹본부(가맹지역본부 또는 가맹중개인이 가맹점사업자를 모집하는 경우를 포함

한다. 이하 같다)는 가맹희망자에게 제6조의2제1항에 따라 등록한 정보공개서를 대통령령으로 정하는 바에 따라 제공하여야 한다. 〈개정 2007.8.3〉

②가맹본부는 등록된 정보공개서를 제공하지 아니하였거나 정보공개서를 제공한 날부터 14일(가맹희망자가 정보공개서에 대하여 변호사 또는 제27조에 따른 가맹거래사의 자문을 받은 경우에는 7일로 한다)이 지나지 아니한 경우에는 다음 각 호의 어느 하나에 해당하는 행위를 하여서는 아니 된다. 〈신설 2007.8.3〉

1. 가맹희망자로부터 가맹금을 수령하는 행위. 이 경우 가맹희망자가 예치기관에 예치가맹금을 예치하는 때에는 최초로 예치한 날(가맹본부가 가맹희망자와 최초로 가맹금을 예치하기로 합의한 때에는 그 날)에 가맹금을 수령한 것으로 본다.

2. 가맹희망자와 가맹계약을 체결하는 행위

③공정거래위원회는 대통령령이 정하는 바에 따라 정보공개서의 표준양식을 정하여 가맹본부 또는 가맹본부로 구성된 사업자단체에게 그 사용을 권장할 수 있다.

제8조 삭제〈2007.8.3〉

제9조(허위·과장된 정보제공 등의 금지) ①가맹본부는 가맹희망자에게 정보를 제공함에 있어서 허위 또는 과장된 정보를 제공하거나 중요사항을 누락하여서는 아니된다. 〈개정 2007.8.3〉

②가맹본부는 가맹희망자나 가맹점사업자에게 다음 각 호의 어느 하나에 해당하는 정보를 제공하는 경우에는 서면으로 하여야 한다. 〈개정 2007.8.3〉

1. 가맹희망자의 예상매출액·수익·매출총이익·순이익 등 장래의 예상 수익상황에 관한 정보

2. 가맹점사업자의 매출액·수익·매출총이익·순이익 등 과거의 수익상황이나 장래의 예상수익상황에 관한 정보

③가맹본부는 제2항에 따라 정보를 제공하는 경우에는 그 정보의 산출근거가 되는 자료로서 대통령령으로 정하는 자료를 가맹본부의 사무소에 비치하여야 하며, 영업시간 중에 언제든지 가맹희망자나 가맹점사업자의 요구가 있는 경우 그 자료를 열람할 수 있도록 하여야 한다. 〈개정 2007.8.3〉

제10조(가맹금의 반환) ①가맹본부는 다음 각 호의 어느 하나에 해당하는 경우에는 가맹희망자나 가맹점사업자가 대통령령으로 정하는 사항이 적힌 서면으로 요구하는 날부터 1개월 이내에 가맹금을 반환하여야 한다. 〈개정 2007.8.3〉

1. 가맹본부가 제7조제2항을 위반한 경우로서 가맹희망자 또는 가맹점사업자가 가맹계약 체결 전 또는 가맹계약의 체결일부터 2개월 이내에 가맹금의 반환을 요구하는 경우

2. 가맹본부가 제9조제1항을 위반한 경우로서 가맹희망자가 가맹계약 체결 전에 가맹금의 반환을 요구하는 경우

3. 가맹본부가 제9조제1항을 위반한 경우로서 허위 또는 과장된 정보나 중요사항의 누락된 내용이 계약 체결에 중대한 영향을 준 것으로 인정되어 가맹점사업자가 가맹계약의 체결일부터 2개월 이내에 가맹금의 반환을 요구하는 경우

4. 가맹본부가 정당한 사유 없이 가맹사업을 일방적으로 중단하고 가맹점사업자가 대통령령으로 정하는 가맹사업의 중단 일부터 2개월 이내에 가맹금의 반환을 요구하는 경우

②제1항의 규정에 의하여 반환하는 가맹금의 금액을 정함에 있어서는 가맹계약의 체결경위, 금전이나 그 밖에 지급된 대가의 성격, 가맹계약기간, 계약이행기간, 가맹사업당사자의 귀책정도 등을 고려하여야 한다. 〈개정 2007.8.3〉

제11조(가맹계약서의 기재사항 등 〈개정 2007.8.3〉) ①가맹본부는 가맹희망자가 가맹계약의 내용을 미리 이해할 수 있도록 제2항 각호의 사항이 적힌 문서를 다음 각 호의 날 중 빠른 날 전에 가맹희망자에게 제공하여야 한다. 〈개정 2007.8.3〉

1. 가맹계약의 체결일

2. 가맹금의 최초 수령일(가맹희망자가 예치기관에 예치가맹금을 예치하는 경우에는 최초로 예치한 날로 한다. 다만, 가맹희망자가 최초로 가맹금을 예치하기로 가맹본부와 합의한 날이 있는 경우에는 그 날로 한다)

②가맹계약서는 다음 각 호의 사항을 포함하여야 한다. 〈개정

2007.8.3〉

1. 영업표지의 사용권 부여에 관한 사항

2. 가맹점사업자의 영업활동 조건에 관한 사항

3. 가맹점사업자에 대한 교육·훈련, 경영지도에 관한 사항

4. 가맹금 등의 지급에 관한 사항

5. 영업지역의 설정에 관한 사항

6. 계약기간에 관한 사항

7. 영업의 양도에 관한 사항

8. 계약해지의 사유에 관한 사항

9. 가맹희망자 또는 가맹점사업자가 가맹계약을 체결한 날부터 2개월(가맹점사업자가 2개월 이전에 가맹사업을 개시하는 경우에는 가맹사업개시일)까지의 기간 동안 예치가맹금을 예치기관에 예치하여야 한다는 사항. 다만, 가맹본부가 제15조의2에 따른 가맹점사업자피해보상보험계약 등을 체결한 경우에는 그에 관한 사항으로 한다.

10. 가맹희망자가 정보공개서에 대하여 변호사 또는 제27조에 따른 가맹거래사의 자문을 받은 경우 이에 관한 사항

11. 그 밖에 가맹사업당사자의 권리의무에 관한 사항으로서 대통령령이 정하는 사항

③가맹본부는 가맹계약서를 가맹사업의 거래가 종료된 날부터 3년간 보관하여야 한다.

④공정거래위원회는 가맹본부에게 건전한 가맹사업거래질서를 확립하고 불공정한 내용의 가맹계약이 통용되는 것을 방지하기 위하여

일정한 가맹사업거래에서 표준이 되는 가맹계약서의 작성 및 사용을
권장할 수 있다.

제12조(불공정거래행위의 금지) ①가맹본부는 다음 각 호의 1에 해
당하는 행위로서 가맹사업의 공정한 거래를 저해할 우려가 있는 행
위를 하거나 다른 사업자로 하여금 이를 행하도록 하여서는 아니된
다. 〈개정 2007.8.3〉

1. 가맹점사업자에 대하여 상품이나 용역의 공급 또는 영업의 지원 등
을 부당하게 중단 또는 거절하거나 그 내용을 현저히 제한하는 행위

2. 가맹점사업자가 취급하는 상품 또는 용역의 가격, 거래상대방,
거래지역이나 가맹점사업자의 사업 활동을 부당하게 구속하거나 제
한하는 행위

3. 거래상의 지위를 이용하여 부당하게 가맹점사업자에게 불이익을
주는 행위

4. 가맹계약을 위반하여 가맹계약기간 중 가맹점사업자의 영업지역
안에서 가맹점사업자와 동일한 업종의 자기 또는 계열회사(「독점규제
및 공정거래에 관한 법률」 제2조제3호에 따른 계열회사를 말한다)의
직영점이나 가맹점을 설치하는 행위

5. 제1호 내지 제4호외의 행위로서 부당하게 경쟁가맹본부의 가맹
점사업자를 자기와 거래하도록 유인하는 행위 등 가맹사업의 공정한
거래를 저해할 우려가 있는 행위

②제1항 각호의 규정에 의한 행위의 유형 또는 기준은 대통령령으

로 정한다.

제13조(가맹계약의 갱신 등) ①가맹본부는 가맹점사업자가 가맹계약기간 만료 전 180일부터 90일까지 사이에 가맹계약의 갱신을 요구하는 경우 정당한 사유 없이 이를 거절하지 못한다. 다만, 다음 각 호의 어느 하나에 해당하는 경우에는 그러하지 아니하다.

 1. 가맹점사업자가 가맹계약상의 가맹금 등의 지급의무를 지키지 아니한 경우

 2. 다른 가맹점사업자에게 통상적으로 적용되는 계약조건이나 영업방침을 가맹점사업자가 수락하지 아니한 경우

 3. 가맹사업의 유지를 위하여 필요하다고 인정되는 것으로서 다음 각 항목의 어느 하나에 해당하는 가맹본부의 중요한 영업방침을 가맹점사업자가 지키지 아니한 경우

 가. 가맹점의 운영에 필요한 점포·설비의 확보나 법령상 필요한 자격·면허·허가의 취득에 관한 사항

 나. 판매하는 상품이나 용역의 품질을 유지하기 위하여 필요한 제조공법 또는 서비스기법의 준수에 관한 사항

 다. 그 밖에 가맹점사업자가 가맹사업을 정상적으로 유지하기 위하여 필요하다고 인정되는 것으로서 대통령령으로 정하는 사항

 ②가맹점사업자의 계약갱신요구권은 최초 가맹계약기간을 포함한 전체 가맹계약기간이 10년을 초과하지 아니하는 범위 내에서만 행사할 수 있다.

③가맹본부가 제1항에 따른 갱신 요구를 거절하는 경우에는 그 요구를 받은 날부터 15일 이내에 가맹점사업자에게 거절 사유를 적어 서면으로 통지하여야 한다.

④가맹본부가 제3항의 거절 통지를 하지 아니하거나 가맹계약기간 만료 전 180일부터 90일까지 사이에 가맹점사업자에게 조건의 변경에 대한 통지나 가맹계약을 갱신하지 아니한다는 사실의 통지를 서면으로 하지 아니하는 경우에는 계약 만료 전의 가맹계약과 같은 조건으로 다시 가맹계약을 체결한 것으로 본다. 다만, 가맹점사업자가 계약이 만료되는 날부터 60일 전까지 이의를 제기하거나 가맹본부나 가맹점사업자에게 천재지변이나 그 밖에 대통령령으로 정하는 부득이한 사유가 있는 경우에는 그러하지 아니하다.

[전문개정 2007.8.3]

제14조(가맹계약해지의 제한) ①가맹본부는 가맹계약을 해지하려는 경우에는 가맹점사업자에게 2개월 이상의 유예기간을 두고 계약의 위반 사실을 구체적으로 밝히고 이를 시정하지 아니하면 그 계약을 해지한다는 사실을 서면으로 2회 이상 통지하여야 한다. 다만, 가맹사업의 거래를 지속하기 어려운 경우로서 대통령령이 정하는 경우에는 그러하지 아니하다. 〈개정 2007.8.3〉

②제1항의 규정에 의한 절차를 거치지 아니한 가맹계약의 해지는 그 효력이 없다.

제15조(자율규약) ①가맹본부 또는 가맹본부를 구성원으로 하는 사업자단체는 가맹사업의 공정한 거래질서를 유지하기 위하여 자율적으로 규약을 정할 수 있다.

②가맹본부 또는 가맹본부를 구성원으로 하는 사업자단체는 제1항의 규정에 의하여 자율규약을 정하고자 하는 경우 그 규약이 제12조제1항의 규정에 위반하는 지에 대한 심사를 공정거래위원회에 요청할 수 있다.

③공정거래위원회는 제2항의 규정에 의하여 자율규약의 심사를 요청받은 때에는 그 요청을 받은 날부터 60일 이내에 심사결과를 신청인에게 통보하여야 한다.

제15조의2(가맹점사업자피해보상보험계약 등) ①가맹본부는 가맹점사업자의 피해를 보상하기 위하여 다음 각 호의 어느 하나에 해당하는 계약(이하 "가맹점사업자피해보상보험계약 등"이라 한다)을 체결할 수 있다.

1. 「보험업법」에 따른 보험계약

2. 가맹점사업자 피해보상금의 지급을 확보하기 위한 「금융감독기구의 설치 등에 관한 법률」 제38조에 따른 기관의 채무지급보증계약

3. 제15조의3에 따라 설립된 공제조합과의 공제계약

②가맹점사업자피해보상보험계약 등에 의하여 가맹점사업자 피해보상금을 지급할 의무가 있는 자는 그 지급사유가 발생한 경우 지체 없이 이를 지급하여야 한다. 이를 지연한 경우에는 지연배상금을 지

급하여야 한다.

③가맹점사업자피해보상보험계약 등을 체결하고자 하는 가맹본부는 가맹점사업자피해보상보험계약 등을 체결하기 위하여 매출액 등의 자료를 제출함에 있어서 거짓 자료를 제출하여서는 아니 된다.

④가맹본부는 가맹점사업자피해보상보험계약 등을 체결함에 있어서 가맹점사업자의 피해보상에 적절한 수준이 되도록 하여야 한다.

⑤가맹점사업자피해보상보험계약 등을 체결한 가맹본부는 그 사실을 나타내는 표지를 사용할 수 있다.

⑥가맹점사업자피해보상보험계약 등을 체결하지 아니한 가맹본부는 제5항에 따른 표지를 사용하거나 이와 유사한 표지를 제작 또는 사용하여서는 아니 된다.

⑦그 밖에 가맹점사업자피해보상보험계약 등에 대하여 필요한 사항은 대통령령으로 정한다.

[본조신설 2007.8.3]

제15조의3(공제조합의 설립) ①가맹본부는 제15조의2제1항제3호에 따른 공제사업을 영위하기 위하여 공정거래위원회의 인가를 받아 공제조합(이하 "공제조합"이라 한다)을 설립할 수 있다.

②공제조합은 법인으로 하며, 주된 사무소의 소재지에 설립등기를 함으로써 성립한다.

③공제조합에 가입한 가맹본부는 공제사업의 수행에 필요한 출자금 등을 조합에 납부하여야 한다.

④공제조합의 기본재산은 조합원의 출자금 등으로 조성한다.

⑤공제조합의 조합원의 자격, 임원에 관한 사항 및 출자금의 부담 기준에 관한 사항은 정관으로 정한다.

⑥공제조합의 설립인가 기준 및 절차, 정관기재사항, 운영 및 감독 등에 관하여 필요한 사항은 대통령령으로 정한다.

⑦공제조합이 제1항에 따른 공제사업을 하고자 하는 때에는 공제 규정을 정하여 공정거래위원회의 인가를 받아야 한다. 공제규정을 변경하고자 하는 때에도 또한 같다.

⑧제7항의 공제규정에는 공제사업의 범위, 공제료, 공제사업에 충당하기 위한 책임준비금 등 공제사업의 운영에 관하여 필요한 사항을 포함하여야 한다.

⑨공제조합에 관하여 이 법에 규정된 것을 제외하고는 「민법」 중 사단법인에 관한 규정을 준용한다.

⑩이 법에 따른 공제조합의 사업에 대하여는 「보험업법」을 적용하지 아니한다.

[본조신설 2007.8.3]

제4장 분쟁의 조정 등

제16조(가맹사업거래분쟁조정협의회의 설치) 가맹사업에 관한 분쟁을 조정하기 위하여 「독점규제 및 공정거래에 관한 법률」 제48조의2 제1항에 따른 한국공정거래조정원(이하 "조정원"이라 한다)에 가맹사업거래분쟁조정협의회(이하 "협의회"라 한다)를 둔다.

[전문개정 2007.8.3]

제17조(협의회의 구성) ①협의회는 위원장 1인을 포함한 9인의 위원으로 구성한다.

②위원은 공익을 대표하는 위원, 가맹본부의 이익을 대표하는 위원, 가맹점사업자의 이익을 대표하는 위원으로 구분하되 각각 동수로 한다.

③위원은 조정원의 장이 추천한 자와 다음 각 호의 어느 하나에 해당하는 자중 공정거래위원회 위원장이 임명 또는 위촉하는 자가 된다. 〈개정 2005.12.29, 2007.8.3〉

1. 대학에서 법률학·경제학·경영학을 전공한 자로서 「고등교육법」 제2조제1호·제2호 또는 제5호에 따른 학교나 공인된 연구기관에서 부교수 이상의 직 또는 이에 상당하는 직에 있거나 있었던 자

2. 판사·검사직에 있거나 있었던 자 또는 변호사의 자격이 있는 자

3. 독점금지 및 공정거래업무에 관한 경험이 있는 4급 이상 공무원(고위공무원단에 속하는 일반직공무원을 포함한다)의 직에 있거나 있었던 자

④위원장은 공익을 대표하는 위원 중에서 공정거래위원회 위원장이 위촉한다. 〈개정 2007.8.3〉

⑤위원의 임기는 3년으로 하고 연임할 수 있다.

⑥위원 중 결원이 생긴 때에는 제3항의 규정에 의하여 보궐위원을 위촉하여야 하며, 그 보궐위원의 임기는 전임자의 잔임 기간으로 한다.

제18조(공익을 대표하는 위원의 위촉제한) ①공익을 대표하는 위원은 위촉일 현재 가맹본부 또는 가맹점사업자의 임원·직원으로 있는 자중에서 위촉될 수 없다.

②공정거래위원회 위원장은 공익을 대표하는 위원으로 위촉받은 자가 가맹본부 또는 가맹점사업자의 임원·직원으로 된 때에는 즉시 해촉하여야 한다.〈개정 2007.8.3〉

제19조(협의회의 회의) ①협의회의 회의는 위원 전원으로 구성되는 회의(이하 "전체회의"라 한다)와 공익을 대표하는 위원, 가맹본부의 이익을 대표하는 위원, 가맹점사업자의 이익을 대표하는 위원 각 1인으로 구성되는 회의(이하 "소회의"라 한다)로 구분한다. 〈개정 2007.8.3〉

②협의회의 소회의는 전체회의로부터 위임받은 사항에 관하여 심의·의결한다. 〈신설 2007.8.3〉

③협의회의 전체회의는 위원장이 주재하며, 재적위원 과반수의 출석으로 개의하고, 출석위원 과반수의 찬성으로 의결한다. 〈개정 2007.8.3〉

④협의회의 소회의는 공익을 대표하는 위원이 주재하며, 구성위원 전원의 출석과 출석위원 전원의 찬성으로 의결한다. 이 경우 소회의의 의결은 협의회의 의결로 보되, 회의의 결과를 전체회의에 보고하여야 한다. 〈신설 2007.8.3〉

⑤위원장이 사고로 직무를 수행할 수 없을 때에는 공익을 대표하는 위원중에서 공정거래위원회 위원장이 지명하는 위원이 그 직무를

대행한다. 〈개정 2007.8.3〉

⑥조정의 대상이 된 분쟁의 당사자인 가맹사업당사자(이하 "분쟁당사자"라 한다)는 협의회의 회의에 출석하여 의견을 진술하거나 관계자료를 제출할 수 있다.

제20조(위원의 제척·기피·회피) ①위원은 다음 각호의 1에 해당하는 경우에는 당해 조정사항의 조정에서 제척된다.

1. 위원 또는 그 배우자나 배우자이었던 자가 당해 조정사항의 분쟁당사자가 되거나 공동권리자 또는 의무자의 관계에 있는 경우

2. 위원이 당해 조정사항의 분쟁당사자와 친족관계에 있거나 있었던 경우

3. 위원 또는 위원이 속한 법인이 분쟁당사자의 법률·경영 등에 대하여 자문이나 고문의 역할을 하고 있는 경우

4. 위원 또는 위원이 속한 법인이 당해 조정사항에 대하여 분쟁당사자의 대리인으로 관여하거나 관여하였던 경우 및 증언 또는 감정을 한 경우

②분쟁당사자는 위원에게 협의회의 조정에 공정을 기하기 어려운 사정이 있는 때에 협의회에 당해 위원에 대한 기피신청을 할 수 있다.

③위원이 제1항 또는 제2항의 사유에 해당하는 경우에는 스스로 당해 조정사항의 조정에서 회피할 수 있다.

제21조(협의회의 조정사항) 협의회는 공정거래위원회 또는 분쟁당사

자가 요청하는 가맹사업거래의 분쟁에 관한 사항을 조정한다

제22조(조정의 신청 등) ①분쟁당사자는 제21조의 규정에 의하여 협의회에 대통령령이 정하는 사항이 기재된 서면으로 그 조정을 신청할 수 있다.

②공정거래위원회는 가맹사업거래의 분쟁에 관한 사건에 대하여 협의회에 그 조정을 의뢰할 수 있다.

③협의회는 제1항의 규정에 의하여 조정을 신청받은 때에는 즉시 그 조정사항을 분쟁당사자에게 통지하여야 한다. 〈개정 2007.8.3〉

제23조(조정 등) ①협의회는 분쟁당사자에게 조정사항에 대하여 스스로 조정하도록 권고하거나 조정안을 작성하여 이를 제시할 수 있다.

②협의회는 다음 각호의 1에 해당되는 경우에는 그 조정을 거부하거나 중지할 수 있다. 〈개정 2007.8.3〉

1. 분쟁당사자의 일방이 조정을 거부한 경우

2. 이미 법원에 소를 제기하였거나 조정의 신청이 있은 후 법원에 소를 제기한 경우 또는 조정의 신청이 있은 후 분쟁당사자가 「중재법」에 따른 중재합의를 한 경우

3. 신청의 내용이 관계법령 또는 객관적인 자료에 의하여 명백하게 인정되는 등 조정을 할 실익이 없는 것으로서 대통령령이 정하는 사항이 발생하는 경우

③협의회는 다음 각호의 1에 해당되는 경우에는 조정절차를 종료하

여야 한다. 〈개정 2007.8.3〉

1. 분쟁당사자가 협의회의 권고 또는 조정안을 수락하거나 스스로 조정하는 등 조정이 성립된 경우

2. 조정을 신청 또는 의뢰 받은 날부터 60일(분쟁당사자 쌍방이 기간연장에 동의한 경우에는 90일로 한다)이 경과하여도 조정이 성립하지 아니한 경우

3. 제2항의 규정에 의하여 조정이 중지된 경우로서 조정절차를 진행할 실익이 없는 경우

④협의회는 제2항의 규정에 의하여 조정을 거부 또는 중지하거나 제3항의 규정에 의하여 조정절차를 종료한 경우에는 대통령령이 정하는 바에 따라 공정거래위원회에 조정의 경위, 조정거부·중지 또는 종료의 사유 등과 관계서류를 서면으로 지체없이 보고하여야 하고 분쟁당사자에게 그 사실을 통보하여야 한다.

⑤협의회는 당해 조정사항에 관한 사실을 확인하기 위하여 필요한 경우 조사를 하거나 분쟁당사자에 대하여 관련자료의 제출이나 출석을 요구할 수 있다.

⑥공정거래위원회는 조정사항에 관하여 조정절차가 종료될 때까지 당해 분쟁당사자에게 시정조치를 권고하거나 명하여서는 아니된다. 다만, 공정거래위원회가 이미 제32조의 규정에 의하여 조사중인 사건에 대하여는 그러하지 아니하다.

제24조(조정조서의 작성과 그 효력) ①협의회는 조정사항에 대하여

조정이 성립된 경우 조정에 참가한 위원과 분쟁당사자가 기명날인한 조정조서를 작성한다. 이 경우 분쟁당사자간에 조정조서와 동일한 내용의 합의가 성립된 것으로 본다.

②협의회는 분쟁당사자가 조정절차를 개시하기 전에 조정사항을 스스로 조정하고 조정조서의 작성을 요구하는 경우에는 그 조정조서를 작성할 수 있다.

제25조(협의회의 조직 등에 관한 규정) 제16조 내지 제24조의 규정 외에 협의회의 조직·운영조정절차 등에 관하여 필요한 사항은 대통령령으로 정한다.

제26조 삭제〈2007.8.3〉

제27조(가맹거래사 〈개정 2007.8.3〉) ①공정거래위원회가 실시하는 가맹거래사 자격시험에 합격한 후 대통령령이 정하는 바에 따라 실무수습을 마친 자는 가맹거래사의 자격을 가진다. 〈개정 2004.1.20, 2007.8.3〉

②다음 각 호의 어느 하나에 해당하는 자는 가맹거래사가 될 수 없다. 〈개정 2007.8.3〉

1. 미성년자·금치산자 또는 한정치산자

2. 파산선고를 받고 복권되지 아니한 자

3. 금고 이상의 실형의 선고를 받고 그 집행이 종료(종료된 것으로

보는 경우를 포함한다)되거나 집행을 받지 아니하기로 확정된 후 2년이 경과되지 아니한 자

4. 금고 이상의 형의 집행유예를 받고 그 집행유예기간중에 있는 자

5. 제31조의 규정에 의하여 가맹거래사의 등록이 취소된 날부터 2년이 경과되지 아니한 자

③가맹거래사 자격시험의 시험과목·시험방법, 실무수습의 기간 등 자격시험 및 실무수습에 관하여 필요한 사항은 대통령령으로 정한다.〈신설 2004.1.20, 2007.8.3〉

제28조(가맹거래사의 업무) 가맹거래사는 다음 각 호의 사항에 관한 업무를 수행한다.

1. 가맹사업의 사업성에 관한 상담이나 검토

2. 정보공개서와 가맹계약서의 작성 및 수정에 관한 상담이나 자문

3. 가맹점사업자의 부담, 가맹사업 영업활동의 조건 등에 관한 상담이나 자문

4. 가맹사업당사자에 대한 교육·훈련에 관한 상담이나 자문

5. 가맹사업거래 분쟁조정 신청의 대행

6. 정보공개서 등록 신청의 대행

[전문개정 2007.8.3]

제29조(가맹거래사의 등록 〈개정 2007.8.3〉) ①가맹거래사 자격이 있는 자가 제28조에 따른 가맹거래사의 업무를 개시하고자 하는 경우

에는 대통령령이 정하는 바에 따라 공정거래위원회에 등록하여야 한
다. 〈개정 2004.1.20, 2007.8.3〉

②제1항의 규정에 의하여 등록을 한 가맹거래사는 공정거래위원
회가 정하는 바에 따라 5년마다 등록을 갱신하여야 한다. 〈개정
2007.8.3〉

③제1항의 규정에 의하여 등록을 한 가맹거래사가 아닌 자는 제27
조의 규정에 의한 가맹거래사임을 표시하거나 이와 유사한 용어를
사용하여서는 아니된다. 〈개정 2007.8.3〉

제30조(가맹거래사의 책임 〈개정 2007.8.3〉) ①가맹거래사는 성실히
직무를 수행하며 품위를 유지하여야 한다. 〈개정 2007.8.3〉

②가맹거래사는 직무를 수행함에 있어서 고의로 진실을 감추거나
허위의 보고를 하여서는 아니된다. 〈개정 2007.8.3〉

제31조(가맹거래사의 등록취소와 자격정지 〈개정 2007.8.3〉) ①공정
거래위원회는 제29조의 규정에 의하여 등록을 한 가맹거래사가 다음
각 호의 어느 하나에 해당하는 경우에는 그 등록을 취소할 수 있
다. 다만, 제1호 및 제2호에 해당하는 경우에는 그 등록을 취소하여
야 한다. 〈개정 2007.8.3〉

1. 허위 그 밖의 부정한 방법으로 등록 또는 갱신등록을 한 경우
2. 제27조제2항의 규정에 의한 결격사유에 해당하게 된 경우
3. 업무수행과 관련하여 알게 된 비밀을 다른 사람에게 누설한 경우

4. 가맹거래사 등록증을 다른 사람에게 대여한 경우

5. 업무수행과 관련하여 고의 또는 중대한 과실로 다른 사람에게 중대한 손해를 입힌 경우

②제29조제2항의 규정에 의한 갱신등록을 하지 아니한 가맹거래사는 그 자격이 정지된다. 이 경우 공정거래위원회가 고시로서 정하는 바에 따라 보수교육을 받고 갱신등록을 한 때에는 그 때부터 자격이 회복된다. 〈개정 2007.8.3〉

제31조의2(가맹사업거래에 대한 교육 등) ①공정거래위원회는 공정한 가맹사업거래질서를 확립하기 위하여 다음 각 호의 업무를 수행할 수 있다.

1. 가맹본부에 대한 교육·연수

2. 가맹희망자 및 가맹점사업자에 대한 교육·연수

3. 가맹거래사에 대한 교육·연수(제27조제1항에 따른 실무수습을 포함한다)

4. 가맹본부가 이 법을 자율적으로 준수하도록 유도하기 위한 자율준수프로그램의 보급·확산

5. 그 밖에 공정한 가맹사업거래질서 확립을 위하여 필요하다고 인정하는 업무

②공정거래위원회는 제1항의 업무를 대통령령으로 정하는 시설인력 및 교육실적 등의 기준에 적합한 법인으로서 공정거래위원회가 지정하는 기관 또는 단체(이하 "교육기관 등"이라 한다)에 위탁할 수 있다.

③교육기관 등은 제1항에 따른 업무를 수행하는데 필요한 재원을 조달하기 위하여 수익사업을 할 수 있다.

④공정거래위원회는 교육기관 등이 제1항에 따른 업무를 충실히 수행하지 못하거나 대통령령으로 정하는 기준에 미치지 못하는 경우에는 지정을 취소하거나 3개월 이내의 기간을 정하여 지정의 효력을 정지할 수 있다.

⑤교육기관 등의 지정절차 및 방법, 제3항에 따른 수익사업 등에 관하여 필요한 사항은 공정거래위원회가 정하여 고시한다.

[본조신설 2007.8.3]

제5장 공정거래위원회의 사건처리절차 등

제32조(조사개시대상행위의 제한) 이 법의 규정에 의하여 공정거래위원회의 조사개시대상이 되는 가맹사업거래는 그 거래가 종료된 날부터 3년을 경과하지 아니한 것에 한한다. 다만, 그 거래가 종료된 날부터 3년 이내에 신고된 가맹사업거래의 경우에는 그러하지 아니하다.

제33조(시정조치) ①공정거래위원회는 제6조의5제1항·제4항, 제7조제2항, 제9조제1항, 제10조제1항, 제11조제1항·제2항, 제12조제1항, 제15조의2제3항·제6항을 위반한 가맹본부에 대하여 가맹금의 예치, 정보공개서의 제공, 가맹금 반환, 위반행위의 중지, 위반내용의 시정을 위한 필요한 계획 또는 행위의 보고 그 밖에 당해 위반행위의 시정에 필요한 조치를 명할 수 있다. 〈개정 2007.8.3〉

②공정거래위원회는 제24조의 규정에 의하여 협의회의 조정이 이루어진 경우에는 특별한 사유가 없는 한 제1항에 따른 시정조치 및 제34조제1항의 규정에 의한 시정권고를 하지 아니한다.〈개정 2007.8.3〉

③공정거래위원회는 제1항에 따라 시정명령을 하는 경우에는 가맹본부에게 시정명령을 받았다는 사실을 공표하거나 거래상대방에 대하여 통지할 것을 명할 수 있다. 〈개정 2007.8.3〉

제34조(시정권고) ①공정거래위원회는 이 법의 규정을 위반한 가맹본부에 대하여 제33조의 규정에 의한 시정조치를 명할 시간적 여유가 없는 경우에는 대통령령이 정하는 바에 따라 시정방안을 마련하여 이에 따를 것을 권고할 수 있다. 이 경우 당해 권고를 수락한 때에는 시정조치를 한 것으로 본다는 뜻을 함께 통지하여야 한다.

②제1항의 규정에 의한 권고를 받은 가맹본부는 당해 권고를 통지받은 날부터 10일 이내에 이를 수락하는 지의 여부에 관하여 공정거래위원회에 통지하여야 한다.

③제1항의 규정에 의한 권고를 받은 가맹본부가 당해 권고를 수락한 때에는 제33조의 규정에 의한 시정조치를 받은 것으로 본다.

제35조(과징금) 공정거래위원회는 제6조의5제1항·제4항, 제7조제2항, 제9조제1항, 제10조제1항, 제11조제1항·제2항, 제12조제1항, 제15조의2제3항·제6항을 위반한 가맹본부에 대하여 대통령령이 정하는 매출액에 100분의 2를 곱한 금액을 초과하지 아니하는 범위안에서 과징금을

부과할 수 있다. 〈개정 2007.8.3〉

제36조(관계행정기관의 장의 협조) 공정거래위원회는 이 법의 시행을 위하여 필요하다고 인정하는 때에는 관계행정기관의 장의 의견을 듣거나 관계행정기관의 장에 대하여 조사를 위한 인원의 지원 그 밖의 필요한 협조를 요청할 수 있다.

제37조(「독점규제 및 공정거래에 관한 법률」의 준용 〈개정 2007.8.3〉) ①이 법에 의한 공정거래위원회의 조사·심의·의결 및 시정권고에 관하여는 「독점규제 및 공정거래에 관한 법률」 제42조, 제43조, 제43조의2, 제44조, 제45조, 제49조제1항 내지 제3항, 제50조제1항 내지 제4항, 제52조, 제52조의2, 제53조, 제53조의2 및 제55조의2의 규정을 준용한다. 〈개정 2007.8.3〉

②이 법에 의한 과징금의 부과·징수에 관하여는 「독점규제 및 공정거래에 관한 법률」 제55조의3부터 제55조의8까지를 준용한다. 〈개정 2004.12.31, 2007.8.3〉

③이 법에 의한 이의신청, 소의 제기 및 불복의 소의 전속관할, 손해배상에 관하여는 「독점규제 및 공정거래에 관한 법률」 제53조, 제53조의2, 제54조, 제55조, 제56조, 제56조의2, 제57조의 규정을 준용한다. 다만, 「독점규제 및 공정거래에 관한 법률」 제56조, 제56조의2 및 제57조의 규정은 사업자가 행한 법률위반의 정도가 경미하거나 이미 스스로 위반행위를 시정한 결과 시정조치의 실익이 없는 경우 등 대통령령이 정하는 경우에는 준용하지 아니한다. 〈개정 2007.8.3〉

④이 법에 의한 직무에 종사하거나 종사하였던 공정거래위원회의 위원, 공무원 또는 협의회에서 가맹사업거래에 관한 분쟁의 조정업무를 담당하거나 담당하였던 자에 대하여는 독점규제및공정거래에관한법률 제62조의 규정을 준용한다.

⑤삭제〈2007.8.3〉

제38조(「독점규제 및 공정거래에 관한 법률」과의 관계 〈개정 2007.8.3〉) 가맹사업거래에 관하여 이 법의 적용을 받는 사항에 대하여는 「독점규제 및 공정거래에 관한 법률」 제23조제1항제1호(부당하게 거래를 거절하는 행위에 한한다)·제3호(부당하게 경쟁자의 고객을 자기와 거래하도록 유인하는 행위에 한한다)·제4호·제5호(거래의 상대방의 사업활동을 부당하게 구속하는 조건으로 거래하는 행위에 한한다) 및 동법 제29조제1항의 규정을 적용하지 아니한다. 〈개정 2007.8.3〉

제39조(권한의 위임과 위탁) ①이 법에 의한 공정거래위원회의 권한은 그 일부를 대통령령이 정하는 바에 따라 소속기관의 장이나 특별시장·광역시장·도지사 또는 특별자치도지사에게 위임하거나 다른 행정기관의 장에게 위탁할 수 있다.〈개정 2007.8.3〉

②공정거래위원회는 다음 각 호의 어느 하나에 해당하는 업무를 대통령령으로 정하는 바에 따라 관련 법인 또는 단체에 위탁할 수 있다. 이 경우 제1호의 위탁관리에 소요되는 경비의 전부 또는 일부

를 지원할 수 있다. 〈개정 2007.8.3〉

1. 제6조의2제4항에 따른 가맹사업정보제공시스템의 구축·운영 업무

2. 제27조제1항에 따른 가맹거래사 자격시험의 시행 및 관리 업무

제40조(보고) 공정거래위원회는 제39조의 규정에 의하여 위임 또는 위탁한 사무에 대하여 위임 또는 위탁받은 자에게 필요한 보고를 하게 할 수 있다.

제6장 벌칙

제41조(벌칙) ①제9조제1항의 규정에 위반하여 허위·과장된 정보를 제공하거나 중요사항을 누락한 자는 5년 이하의 징역 또는 1억5천만원 이하의 벌금에 처한다. 〈개정 2007.8.3〉

②다음 각 호의 어느 하나에 해당하는 자는 3년 이하의 징역 또는 1억원 이하의 벌금에 처한다. 〈개정 2007.8.3〉

1. 제33조제1항에 따른 시정조치의 명령에 따르지 아니한 자

2. 제37조제4항의 규정에 의하여 준용되는 「독점규제 및 공정거래에 관한 법률」 제62조의 규정에 위반한 자

③다음 각 호의 어느 하나에 해당하는 자는 2년 이하의 징역 또는 5천만원 이하의 벌금에 처한다. 〈개정 2007.8.3〉

1. 제6조의5제1항을 위반하여 가맹점사업자로부터 예치가맹금을 직접 수령한 자

2. 제7조제2항을 위반하여 가맹금을 수령하거나 가맹계약을 체결

한 자

3. 제15조의2제6항을 위반하여 가맹점사업자피해보상보험계약 등을 체결하였다는 사실을 나타내는 표지 또는 이와 유사한 표지를 제작하거나 사용한 자

④제6조의5제4항을 위반하여 거짓이나 그 밖의 부정한 방법으로 예치가맹금의 지급을 요청한 자는 예치가맹금의 2배에 상당하는 금액 이하의 벌금에 처한다. 〈신설 2007.8.3〉

제42조(양벌규정) 법인의 대표자나 법인 또는 개인의 대리인, 사용인, 그 밖의 종업원이 그 법인 또는 개인의 업무에 관하여 제41조의 위반행위를 하면 그 행위자를 벌하는 외에 그 법인 또는 개인에게도 해당 조문의 벌금형을 과(科)한다. 다만, 법인 또는 개인이 그 위반행위를 방지하기 위하여 해당 업무에 관하여 상당한 주의와 감독을 게을리하지 아니한 경우에는 그러하지 아니하다.

[전문개정 2010.3.22]

제43조(과태료) ①가맹본부가 제2호 또는 제3호의 규정에 해당하는 경우에는 1억원이하, 제1호의 규정에 해당하는 경우에는 5천만원이하의 과태료에 처한다. 〈개정 2007.8.3〉

1. 제37조제1항의 규정에 의하여 준용되는 「독점규제 및 공정거래에 관한 법률」 제50조제1항제1호의 규정에 위반하여 정당한 사유 없이 2회이상 출석하지 아니한 자

2. 제37조제1항의 규정에 의하여 준용되는 「독점규제 및 공정거래에 관한 법률」 제50조제1항제3호 또는 동조제3항의 규정에 의한 보고 또는 필요한 자료나 물건의 제출을 정당한 사유없이 하지 아니하거나, 허위의 보고 또는 자료나 물건을 제출한 자

3. 제37조제1항의 규정에 의하여 준용되는 「독점규제 및 공정거래에 관한 법률」 제50조제2항의 규정에 의한 조사를 정당한 사유없이 거부·방해 또는 기피한 자

②가맹점사업자가 제1항제2호 또는 제3호의 규정에 해당하는 경우에는 1억원 이하, 동항제1호의 규정에 해당하는 경우에는 1천만원 이하의 과태료에 처한다.

③가맹본부 또는 가맹점사업자의 임원이 각각 제1항제3호의 규정에 해당하는 경우에는 5천만원 이하, 동항제1호 또는 제2호의 규정에 해당하는 경우에는 1천만원 이하의 과태료에 처한다.

④가맹본부 또는 가맹점사업자의 종업원 또는 이에 준하는 법률상 이해관계에 있는 자가 각각 제1항제3호의 규정에 해당하는 경우에는 5천만원 이하, 동항제2호의 규정에 해당하는 경우에는 1천만원 이하, 동항제1호의 규정에 해당하는 경우에는 5백만원 이하의 과태료에 처한다.

⑤제37조제1항의 규정에 의하여 준용되는 「독점규제 및 공정거래에 관한 법률」 제43조의2의 규정에 의한 질서유지명령에 응하지 아니한 자는 100만원 이하의 과태료에 처한다.〈개정 2007.8.3〉

⑥다음 각 호의 어느 하나에 해당하는 자에게는 1천만원 이하의

과태료를 부과한다. 〈개정 2007.8.3〉

1. 제9조제2항을 위반하여 같은 항 각 호의 어느 하나에 해당하는 정보를 서면으로 제공하지 아니한 자

2. 제9조제3항을 위반하여 근거자료를 비치하지 아니하거나 자료요구에 응하지 아니한 자

3. 제11조제3항을 위반하여 가맹계약서를 보관하지 아니한 자

⑦다음 각 호의 어느 하나에 해당하는 자에게는 300만원 이하의 과태료를 부과한다. 〈개정 2007.8.3〉

1. 제6조의2제1항을 위반하여 신고를 하지 아니하거나 거짓으로 신고한 자

2. 제29조제3항을 위반하여 가맹거래사임을 표시하거나 유사한 용어를 사용한 자

⑧제1항부터 제7항까지의 규정에 따른 과태료는 대통령령으로 정하는 바에 따라 공정거래위원회가 부과·징수한다. 〈신설 2007.8.3〉

⑨ 삭제〈2010.3.22〉

⑩ 삭제〈2010.3.22〉

⑪ 삭제〈2010.3.22〉

제44조(고발) ①제41조제1항·제2항제1호 및 제3항의 죄는 공정거래위원회의 고발이 있어야 공소를 제기할 수 있다.

②공정거래위원회는 제41조제1항·제2항제1호 및 제3항의 죄중 그 위반의 정도가 객관적으로 명백하고 중대하다고 인정하는 경우에는

검찰총장에게 고발하여야 한다.

③검찰총장은 제2항의 규정에 의한 고발요건에 해당하는 사실이 있음을 공정거래위원회에 통보하여 고발을 요청할 수 있다. 공정거래위원회는 검찰총장의 고발요청이 있을 경우 이에 응하여야 한다.

④공정거래위원회는 공소가 제기된 후에는 고발을 취소하지 못한다.

부칙 〈제6704호, 2002.5.13〉

①(시행일)이 법은 2002년 11월 1일부터 시행한다.

②(시정조치·과징금 및 벌칙에 관한 경과조치) 이 법 시행전의 종전의 독점규제및공정거래에관한법률 제23조제1항제1호(부당하게 거래를 거절하는 행위에 한한다)·제3호(부당하게 경쟁자의 고객을 자기와 거래하도록 유인하는 행위에 한한다)·제4호·제5호(거래의 상대방의 사업활동을 부당하게 구속하는 조건으로 거래하는 행위에 한한다) 및 동법 제29조제1항의 규정에 위반한 행위에 대한 시정조치·과징금 및 벌칙의 적용에 있어서는 동법의 규정에 의한다.

부칙 〈제7109호, 2004.1.20〉

이 법은 공포한 날부터 시행한다.

부칙 (독점규제 및 공정거래에 관한 법률) 〈제7315호, 2004.12.31〉

제1조(시행일) 이 법은 2005년 4월 1일부터 시행한다. 〈단서 생략〉

제2조 내지 제9조 생략

제10조(다른 법률의 개정) ①가맹사업거래의공정화에관한법률중 다

음과 같이 개정한다.

제37조제2항중 "제55조의3 내지 제55조의6"을 "제55조의3 내지 제55조의7"로 한다.

②내지 ⑤생략

부칙 (국가공무원법) 〈제7796호, 2005.12.29〉

제1조(시행일) 이 법은 2006년 7월 1일부터 시행한다.

제2조 내지 제5조 생략

제6조(다른 법률의 개정) ①가맹사업거래의공정화에관한법률 일부를 다음과 같이 개정한다.

제17조제3항제3호중 "3급 이상의 공무원"을 "3급 이상의 공무원 또는 고위공무원단에 속하는 일반직공무원"으로 한다.

②내지 〈68〉생략

부칙 〈제8630호, 2007.8.3〉

제1조(시행일) 이 법은 공포 후 6개월이 경과한 날부터 시행한다. 다만, 제37조제2항의 개정규정은 공포 후 3개월이 경과한 날부터 시행하고, 제6조의5, 제15조의2 및 제15조의3의 개정규정은 공포 후 1년이 경과한 날부터 시행한다.

제2조(가맹금에 관한 적용례) 제2조제6호의 개정규정은 이 법 시행 후 지급하는 가맹금부터 적용한다.

제3조(불공정거래행위의 금지에 관한 적용례) 제12조제4호의 개정규

정은 이 법 시행 이후 체결되거나 갱신된 가맹계약부터 적용한다.

제4조(가맹계약의 갱신에 관한 적용례) 제13조의 개정규정은 이 법 시행 이후 체결되거나 갱신된 가맹계약부터 적용한다.

제5조(가맹계약 해지의 제한에 관한 적용례) 제14조제1항 본문의 개정규정은 이 법 시행 후 계약의 위반 사실이 발생하여 계약을 해지하는 경우부터 적용한다.

제6조(정보공개서에 관한 특례) 가맹본부는 이 법 시행일부터 6개월까지는 제6조의2와 제7조제1항·제2항의 개정규정에도 불구하고 종전의 정보공개서를 제공할 수 있다.

제7조(가맹계약 종료 사실 통지 등에 관한 경과조치) 이 법 시행 전에 체결되거나 갱신된 가맹계약의 종료 사실 통지 등에 관하여는 종전의 규정에 따른다.

제8조(가맹금의 반환에 관한 경과조치) 이 법 시행 전에 가맹본부가 종전의 제9조제1항을 위반하여 거짓 또는 과장된 정보를 제공하거나 종전의 제8조제2항에 따른 중요한 사항을 누락한 경우 또는 정당한 사유 없이 가맹사업을 일방적으로 중단한 경우에 있어서 가맹금의 반환에 관하여는 종전의 규정에 따른다. 이 경우 이 법 시행 전에 지급된 가맹금의 반환 범위에 관하여는 종전의 제2조제6호와 제10조에 따른다.

제9조(협의회 등에 관한 경과조치) ①이 법 시행 당시 종전의 가맹사업거래분쟁조정협의회는 제16조의 개정규정에 따른 협의회로 본다.

②이 법 시행 당시 종전의 가맹사업거래분쟁조정협의회에 신청되거나

조정 중인 사건은 제16조의 개정규정에 따른 협의회에 신청되거나 조정 중인 사건으로 본다.

③이 법 시행 당시 종전의 가맹사업거래분쟁조정협의회의 위원은 제17조제3항의 개정규정에 따라 임명되거나 위촉된 자로 본다. 이 경우 위원의 임기는 잔여기간으로 한다.

제10조(가맹사업거래상담사에 대한 경과조치) ①이 법 시행 당시 종전의 규정에 따라 가맹사업거래상담사 자격시험을 합격한 자, 가맹사업거래상담사 자격을 가지거나 등록을 한 자는 이 법에 따른 가맹거래사 자격시험에 합격한 자, 가맹거래사 자격을 가지거나 등록을 한 자로 본다.

②이 법 시행 당시 종전의 규정에 따라 가맹사업거래상담사 등록이 취소되거나 자격이 정지된 자는 이 법에 따라 가맹거래사 등록이 취소되거나 자격이 정지된 자로 본다.

제11조(벌칙과 과태료에 관한 경과조치) 이 법 시행 전의 행위에 대한 벌칙과 과태료의 적용은 종전의 규정에 따른다.

부칙 〈제10168호, 2010.3.22〉

이 법은 공포한 날부터 시행한다.

how how error
man
women know
people franchise
philosophy communication risk
common sense supervisor @ connection
link Michel de Montaigne
simple
history mind teach essais
mind
human mind fact product
mind truth
time mix idea common sence emotion
time !@ simple trust
time : smart ? education
fusion IT value love
real @
chain place
management
dream
chance
risk mail
phone
control

price
value chain relation
creative link
promotion endless
internet
success
vision humane
mind standard
people
intranet free
supply